EXTRAIT DE L'ANNUAIRE 1861

De la Société des anciens Élèves des Écoles impériales d'Arts et Métiers

ANALYSE

DU

TRAITÉ THÉORIQUE ET PRATIQUE

DES

MOTEURS A VAPEUR

De M. ARMENGAUD aîné

PAR

L. MARIOTTE

Inspecteur des ateliers au chemin de fer du Nord

SAINT-NICOLAS

près Nancy

IMPRIMERIE DE PROSPER TRENEL

1861

ANALYSE

DU

TRAITÉ THÉORIQUE ET PRATIQUE

DES

MOTEURS A VAPEUR

De M. ARMENGAUD aîné

EXTRAIT DE L'ANNUAIRE 1861

De la Société des anciens Élèves des Écoles impériales d'Arts et Métiers

ANALYSE

DU

TRAITÉ THÉORIQUE ET PRATIQUE

DES

MOTEURS A VAPEUR

De M. ARMENGAUD aîné

PAR

L. MARIOTTE

Inspecteur des ateliers au chemin de fer du Nord

SAINT-NICOLAS

près Nancy

IMPRIMERIE DE PROSPER TRENEL

1861

ANALYSE

DU

TRAITÉ THÉORIQUE ET PRATIQUE

DES

MOTEURS A VAPEUR

De M. ARMENGAUD aîné

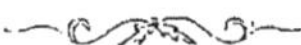

Nous avons inséré, dans l'Annuaire 1859, une analyse succincte d'un travail de longue haleine sur les moteurs hydrauliques, publié par M. *Armengaud aîné*; le premier volume de la deuxième partie, traitant des moteurs à vapeur, venant de paraître, nous pensons être utile en continuant la relation de cette œuvre importante; ce volume est divisé en quatre sections principales:

La première comprend les notions préliminaires de physique et de mécanique, appliquées à l'étude de la vapeur d'eau;

La deuxième, un aperçu théorique de l'invention des machines à vapeur;

La troisième, la production industrielle de la vapeur d'eau, ou l'étude des foyers, générateurs et appareils de sûreté;

La quatrième comprend l'application de la puissance de

la vapeur d'eau aux machines fixes, l'étude des types divers des organes de ces machines, et, enfin, la description des différents systèmes de machines fixes, jusqu'aux machines horizontales inclusivement.

Les machines à balancier et autres, les moteurs à air, etc., les locomobiles, les locomotives, les appareils de navigation, doivent être l'objet d'un deuxième volume qui paraîtra prochainement.

Cette œuvre est plus spécialement destinée aux praticiens et aux industriels. Les calculs d'ouvrages purement théoriques ont été ramenés à de simples opérations d'arithmétique, simplifiées encore par de nombreuses tables et épures. Enfin, la reproduction d'une riche collection de machines et appareils, soigneusement gravés, et choisis parmi les constructeurs les plus expérimentés, complète ces documents pratiques et permet aussi d'en faire de prime abord la construction.

PREMIÈRE SECTION.

Notions préliminaires de physique et de mécanique appliquées à la vapeur d'eau.

Le cadre de l'Annuaire ne comportant qu'une relation succincte, la partie théorique ne peut être que mentionnée. Les propriétés physiques de la vapeur, les lois qui régissent sa formation, les phénomènes qu'elle présente avant l'application sont étudiés avec une grande netteté.

La calorimétrie est fort complète. L'auteur déduit de la théorie et des résultats d'expériences qu'il expose sur la capacité calorifique des gaz, des problèmes d'un grand intérêt pour ce qui concerne la transformation de la chaleur en puissance mécanique, et les conditions les plus économiques de son utilisation. A la suite des capacités calorifiques des combustibles et des gaz, il est théoriquement établi que 1 kilogramme de houille de bonne qualité peut vaporiser $12^k,21$ d'eau, dont la température primitive serait à 15 degrés ; tandis que les meilleurs générateurs ne vaporisent pas actuellement au-delà de 7 à 8 kilogrammes.

Les propriétés mécaniques de la vapeur sont aussi l'objet de considérations étendues. Des tables fort intéressantes et des tracés graphiques donnent ses vitesses d'écoulement, soit lorsque l'échappement a lieu dans l'atmosphère, soit lorsqu'il s'opère dans d'autres milieux soumis à des pressions différentes.

La relation, à l'aide de laquelle l'unité dynamique de la puissance de la vapeur d'eau a été calculée, est écrite de la manière suivante :

$$V = \frac{0,1}{1,0333\ P} = \frac{K}{10^k,333\ P'},$$

dans laquelle :

V, représente le volume de vapeur dépensée en litres ;

K, la quantité de travail exprimée en kilogrammètres ;

P, la pression effective de la vapeur, c'est-à-dire, son excès de tension sur le milieu pouvant s'opposer comme travail résistant.

D'après cette formule, on trouve que pour développer 1000 kilogrammètres de travail à pleine pression sans détente, on doit dépenser par seconde un *volume théorique de vapeur*, à la pression effective de 3 atmosphères, égale à 32259 litres. La théorie de la détente est basée, comme à l'ordinaire, sur la méthode de M. le général Poncelet.

II° SECTION.

Aperçu historique de l'invention des machines à vapeur.

Avant d'esquisser un aperçu historique de la machine à vapeur, remarquons, avec l'auteur, qu'une œuvre aussi importante est nécessairement collective. Produits de près de deux siècles d'essai, les moteurs à vapeur, tels que nous les connaissons aujourd'hui, ne sont le fait d'aucune individualité, mais bien l'important chef-d'œuvre cosmopolite de plusieurs générations.

Cet historique est divisé en deux parties comprenant :

1° Les observateurs de la puissance de la vapeur d'eau ;

2° Les premiers inventeurs de machines utilisant cette puissance.

La découverte de la puissance de la vapeur d'eau est très-ancienne. Héron, d'Alexandrie, qui vivait 120 ans avant Jésus-Christ, a proposé dans un ouvrage intitulé : « *Spiritalia seu Pneumatica* » de produire un mouvement de rotation par l'utilisation de cette puissance à l'aide d'un appareil à réaction connu sous le nom d'*éolipyle*. Le principe sur lequel il repose a été utilisé depuis dans les moteurs hydrauliques par le marquis de Manoury d'Ectot ; puis, par divers inventeurs, dans quelques essais stériles de machines à vapeur rotatives.

Blasco de Garay fit, le 17 juin 1543, à Barcelonne, avec l'autorisation de Charles-Quint, une expérience pour mettre un navire en mouvement au moyen d'une chaudière d'eau bouillante, et de roues attachées à l'un et à l'autre bord du bâtiment. Ces essais n'eurent aucune suite ; et l'inventeur ayant soigneusement caché les parties essentielles de son appareil, peut à peine être cité parmi les observateurs de la puissance de la vapeur d'eau.

1605. David Rivauld, seigneur de Flurance, gentilhomme de la chambre de Henri IV et précepteur de Henri III, a fait aussi des observations sur cette force. Il signale, dans un petit traité élémentaire d'artillerie, les effets de l'eau chauffée et renfermée dans une boule ou canon, en disant que l'*eau se transforme en air* et fait éclater le vase qui la renferme avec un grand éclat.

Enfin, en 1615, Salomon de Caus, français d'origine; l'Italien Branca, en 1629 ; le marquis de Worcester, en 1663, et sir Samuël de Moreland, en 1683, ont pareillement observé les effets de la puissance de la vapeur.

Salomon de Caus et Branca ont proposé de grossiers appareils pour l'élévation des eaux par la pression directe de la vapeur d'un vase chauffé sur un foyer; quant à Worcester, il cite seulement une expérience qu'il aurait faite sur un canon rempli d'eau, hermétiquement fermé et chauffé, et dont la bouche aurait éclaté après un certain temps. Les titres de sir Samuël de Moreland consistent dans quelques lignes écrites par lui dans un ouvrage intitulé : *élévation des eaux par toutes sortes de machines*, dans lequel il parle de la puissance de la vapeur d'eau et de la possibilité d'en tirer parti comme force motrice.

L'auteur donne les vignettes et les descriptions de ces premiers appareils; elles ne contiennent évidemment aucune trace d'une pensée quelque peu consistante, ayant pour objet de réaliser l'application de la vapeur aux machines comme force motrice. Et, après 1683, la machine à vapeur, telle que nous le voyons aujourd'hui, restait encore tout entière à inventer ; car aucun de ses organes essentiels n'a été le produit des observations précédemment citées.

PREMIERS INVENTEURS DE LA MACHINE A VAPEUR.

Denis Papin, 1690 et 1695. « C'est, dit M. Armengaud « aîné, à Denis Papin, que l'on peut aujourd'hui, sans « conteste, attribuer l'idée primordiale de l'emploi de la « vapeur d'eau comme force motrice, agissant par l'inter- « médiaire d'un mécanisme récepteur, au lieu d'utiliser « son action directe pour des élévations d'eau, comme

« l'ont proposé Salomon de Caus, en France, et Worcester,
« en Angleterre. »

Denis Papin naquit à Blois, le 22 août 1647, d'une
famille protestante. Vers 1675, il passa en Angleterre, où
il fit des recherches scientifiques avec le savant anglais
Boyle, qui le cite même comme l'inventeur de la machine
pneumatique à deux cylindres et du fusil à vent. En 1681,
Papin, toujours en Angleterre, fit connaître sa célèbre
marmite ou autoclave, pour laquelle il inventa la *soupape
de sûreté*. Plus tard, il fit l'étude d'une machine atmosphérique, qu'il disait propre à transporter au loin la force
des rivières, et en présenta le modèle à la Société royale
de Londres. C'était la puissance d'une chute d'eau, faisant
(comme dans les chemins de fer atmosphériques actuels)
le vide dans un long tube métallique, dans lequel se mou-
vait un piston. Cette machine n'eut aucun succès.

Papin, découragé, songeait à revenir en France; mais,
ne pouvant y rentrer en raison de la révocation de l'édit
de Nantes, il passa en Allemagne et vint à Marbourg, où
il fut chargé, par l'électeur de Hesse, de la chaire de
mathématiques.

C'est alors, en août 1690, après de nouveaux essais sur
les moteurs à poudre, qu'il fit enfin connaître, dans un
recueil publié à Leipsick, sous le titre : *Acta eruditorum*,
l'idée qu'il avait eue de remplacer ce dernier agent par
l'eau transformée en vapeur, et ne laissant, dit-il, *que le
vide dans l'espace qu'elle occupait sous l'état de fluide
élastique*.

L'auteur donne la relation de la manière dont s'exprimait
Papin, ainsi qu'un *fac simile* de la figure originale qui
accompagnait cette description. Cette figure, reproduite
ci-après, contient bien en principe le cylindre et le piston
des machines à vapeur actuelles, de même que dans les

générateurs, on retrouve la *soupape de sûreté* qu'il inventa
pour son autoclave.

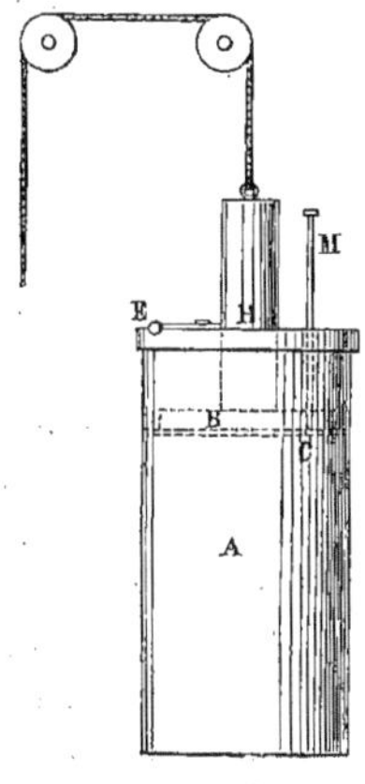

Voici comment s'exprimait Papin :
« Comme par une propriété qui est
» naturelle à l'eau, une petite quan-
» tité de ce liquide, réduite en vapeur
» par l'action de la chaleur, acquiert
» une force élastique semblable à
» celle de l'air, et revient ensuite à
» l'état liquide par le refroidisse-
» ment, sans conserver la moindre
» apparence de sa force élastique,
» j'ai été porté à croire que l'on
» pourrait construire des machines
» où l'eau, par le moyen d'une
» chaleur modérée et sans frais considérables, produirait
» le vide parfait que l'on ne pouvait pas obtenir à l'aide de
» la poudre à canon. Parmi les différentes constructions
» que l'on peut imaginer à cet effet, voici la plus commode :

« A un tube d'un diamètre partout égal, exactement
» fermé dans sa partie inférieure ; B est un piston adapté à
» ce tube ; H un manche ou tige fixé au piston ; EH une
» verge de fer qui se meut horizontalement autour de son
» axe ; un ressort presse la verge de fer EH, de manière
» à la pousser nécessairement dans l'ouverture H aussitôt
» que le piston et sa tige sont élevés à une hauteur telle
» que l'ouverture soit au-dessus du couvercle ; C est un petit
» trou pratiqué dans le piston, par lequel l'eau peut sortir
» par le fond du tube A, lorsqu'on enfonce pour la première
» fois le piston dans ce tube.

» Voici quel est l'usage de cet instrument : on verse dans
» le tube A une petite quantité d'eau, à la hauteur de trois
» ou quatre lignes, puis on introduit le piston et on le pousse
» jusqu'au fond jusqu'à ce qu'une partie de l'eau versée sorte

» par le trou C ; alors ce trou est fortement bouché par la
» verge M ; on place ensuite le couvercle où sont placées les
» ouvertures nécessaires. Au moyen d'un feu modéré, le
» tube A, qui est en métal très-mince, s'échauffe bientôt, et
» l'eau changée en vapeur exerce une pression assez forte
» pour vaincre le poids de l'atmosphère, et pousser en haut
» le piston B, jusqu'au moment où le trou H de la tige du
» piston s'élève au-dessus du couvercle ; alors on entend le
» bruit de la verge EH, poussée dans l'ouverture H par le
» ressort. Il faut dans ce moment ôter aussitôt le feu, et les
» vapeurs enfermées dans le tube se résolvent bientôt en eau
» par l'action du froid, et laissent le tube parfaitement vide
» d'air. On retire ensuite la verge EH de l'ouverture H, ce
» qui permet à la tige de redescendre ; aussitôt, le piston B
» éprouve la pression de tout le poids de l'atmosphère, qui
» produit avec d'autant plus de force le mouvement désiré,
» que le diamètre du tube est plus grand. On ne peut douter
» que le poids de la colonne atmosphérique ne soit mis tout
» entier à profit dans des tubes de cette espèce. J'ai reconnu
» par expérience que le piston, élevé par la chaleur au haut
» du tube, redescendait peu après jusqu'au fond, et cela à
» plusieurs reprises, en sorte que l'on ne peut supposer
» l'existence de la plus petite quantité d'air, qui resterait
» dans le fond du tube ; or, mon tube, dont le diamètre
» n'excède pas deux doigts, élève cependant un poids de
» 60 livres avec la même vitesse que le piston descend dans
» le tube, et le tube lui-même pèse à peine 5 onces. Je suis
» donc convaincu qu'on pourrait faire des tubes pesant au plus
» 40 livres chacun, et qui, cependant, pourraient à chaque
» mouvement élever, à plus de 4 pieds de haut, un poids de
» 2000 livres. J'ai éprouvé, d'ailleurs, que l'espace d'une mi-
» nute suffit, pour qu'avec un feu modéré, le piston soit porté
» jusqu'au haut dans mon tube ; et comme le feu doit être
» proportionné au diamètre des tubes, de très-grands tubes
» pourraient être chauffés presque aussi vite que des petits ;
» on voit clairement par là quelles immenses forces motrices

» on peut obtenir au moyen d'un procédé si simple, et à quel
» bas prix. On sait, en effet, que la colonne d'air pesant sur
» un tube de 1 pied de diamètre, égale à peu près 2000 livres,
» que, si le diamètre est de 2 pieds, ce poids sera environ
» 8000 livres, et que la pression augmente ainsi de suite, en
» raison des diamètres ; il suit de là que le feu d'un fourneau
» qui aurait un peu plus de 2 pieds de diamètre suffirait pour
» élever à chaque minute 8000 livres pesant à une hauteur
» de 4 pieds, si l'on avait plusieurs tubes de cette hauteur ;
» car le tube, renfermé dans un fourneau de fer un peu mince,
» pourrait être facilement transporté d'un tube à un autre,
» et ainsi le même feu procurerait continuellement, soit dans
» l'un, soit dans l'autre tube, ce vide dont les effets sont si
» puissants. Si l'on calcule maintenant la grandeur des forces
» que l'on peut obtenir par ce moyen, la modicité des frais
» pour acquérir une quantité de bois suffisante, on avouera
» sans doute que notre méthode est de beaucoup supérieure
» à l'usage de la poudre à canon dont on a parlé plus haut,
» surtout puisqu'on obtient ainsi un vide parfait, et qu'on
» obvie aux inconvénients que nous avons énumérés. Com-
» ment peut-on employer cette force pour tirer des mines
» l'eau et le minerai, pour lancer des globes de fer à de
» grandes distances pour naviguer contre le vent et pour faire
» beaucoup d'autres applications ? C'est ce qu'il serait beau-
» coup trop long d'examiner. Mais chacun, dans l'occasion,
» doit imaginer un système de machine approprié au but qu'il
» se propose. Je dirai cependant ici, en passant, sous com-
» bien de rapports une force motrice de cette nature serait
» préférable à l'emploi des rameurs ordinaires pour impri-
» mer le mouvement aux vaisseaux, etc. »

Papin décrit ensuite l'application qu'il propose à la navigation, et « comme, » dit-il, « des rames ordinaires seraient
» mues moins commodément par des tubes de cette espèce,
» il faudrait employer des *roues à rames*, telles que je me sou-
» viens d'en avoir vu dans la machine construite à Londres
» par l'ordre du Sérénissime prince Palatin Ruppert.......
» Il n'est pas douteux que nos tubes pussent imprimer un

» mouvement de rotation à des rames fixées à un axe, etc.....
» Il serait nécessaire seulement que l'on adaptât trois ou
» quatre tubes au même axe pour que le mouvement pût con-
» tinuer sans interruption, etc..... »

Ce dernier point n'est pas resté pour Papin à l'état de simple prévision, car il est maintenant certain qu'il a fait construire, de 1706 à 1707, un bateau fondé sur ce principe, lequel bateau fut détruit par les mariniers du Wéser, qui s'opposaient à son entrée sur ce fleuve. Ces faits ont été prouvés par une correspondance de Papin avec Leibnitz, retrouvée récemment par M. Kuhlman, professeur à l'université de Hanovre, et communiquée à l'Académie des sciences de Paris, dans la séance du 29 mars 1852.

A partir de ces derniers revers, Papin, déjà vieux, banni de sa patrie par la révocation de l'édit de Nantes, et réduit, pour ainsi dire, à la misère, fut à peu près errant en Europe, cherchant un foyer pour y terminer ses jours. On n'a pu parvenir à fixer exactement le lieu ni l'époque de sa mort, qui a dû arriver néanmoins après 1714, puisqu'une lettre de Leibnitz, de cette date, parle de lui comme étant de retour en Angleterre.

Ainsi, les documents précédemment cités, établissent clairement les titres réels de Papin à l'invention des machines à vapeur : le cylindre et le piston, qu'il a le premier proposés, sont encore les organes essentiels de ces machines ; la soupape de sûreté de son autoclave est toujours appliquée aux générateurs, et les idées qu'il a émises sur le principe de la condensation de la vapeur et sur l'application de sa machine à la navigation, avaient non moins de rectitude et de vérité que les précédentes.

Le capitaine Savery, 1698. — Thomas Savery, d'abord simple ouvrier de mines, puis, plus tard, capitaine de vaisseau, eut la pensée de construire un appareil basé sur l'emploi de la vapeur, et applicable au dessèchement des mines de houille.

Bien que connaissant parfaitement les travaux de Papin, qui avaient pour eux la vérité, Savery ne tenta pas d'améliorer l'appareil de notre compatriote. Il préféra adopter le principe peu fécond émis par Salomon de Caus, sur lequel il construisit un appareil destiné à élever les eaux, patenté en 1698 (1).

Toutefois, il convient de dire qu'il modifia utilement, quant à la chaudière, l'appareil trop primitif de Papin ; il sépara en effet cette chaudière du récipient à élever l'eau.

Ci-après la vignette que M. Armengaud a donnée de cet appareil, ainsi qu'une description sommaire :

A, chaudière ;

B, récipient en communication avec la chaudière A , et avec un tube d'ascension D ;

D, tube d'ascension muni de deux soupapes d'aspiration et de refoulement, et montant l'eau jusqu'à un chenal E.

En ouvrant le robinet A, la vapeur se rendait dans le récipient B, dont elle ne tardait pas à chasser l'air, ainsi que celui contenu dans la partie supérieure de la colonne d'ascension D. On fermait alors le robinet a et on ouvrait celui d, qui laissait écouler de l'eau froide sur le récipient B ; la vapeur se condensait, d'où résultait un vide partiel sous l'influence duquel l'eau s'élevait dans la colonne d'ascension, soulevait le clapet t, et remplissait le récipient.

On ouvrait de nouveau le robinet a donnant issue à la vapeur qui, venant faire pression sur l'eau, la forçait de soulever le clapet c, et de s'élancer dans la partie supérieure de la colonne d'ascension, jusqu'au chenal où elle était déversée.

____

(1) C'est la première patente délivrée en Angleterre pour une machine à feu.

Pour continuer l'opération, on devait de nouveau refroidir le vase B, en y amenant extérieurement de l'eau froide, ce qui donnait lieu à une condensation et à une nouvelle élévation d'eau; mais, comme elle fonctionnait par aspiration, elle ne pouvait, de même que les pompes, aspirer à plus de dix mètres au maximum. Aussi, ne put-elle être employée que pour des élévations peu importantes, au lieu de servir pour les mines, suivant l'intention de l'inventeur.

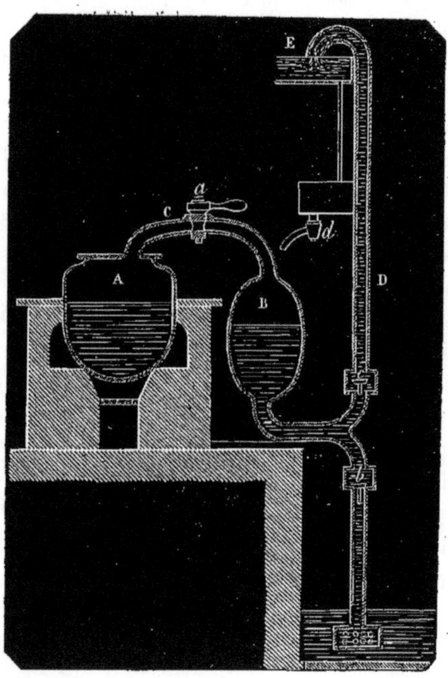

Cet appareil n'a aucune analogie avec les machines motrices fonctionnant de nos jours; aucun organe de ces machines n'en dérive; et il ne peut être mentionné qu'à titre de document sur les premières applications de la puissance de la vapeur.

Newcomen et *Cawley*, 1705. — Thomas Newcomen, serrurier, et Jean Cawley, vitrier, eurent l'occasion de voir fonctionner l'appareil Savery, et conçurent l'espérance d'en tirer un meilleur parti.

Mieux inspirés que Savery, ils portèrent leurs investigations sur le principe de Papin, qui ne demandait que fort peu de modifications pour constituer un moteur industriel. Ce fut *Robert Hoocke* qui porta à la connaissance de Newcomen l'appareil de l'ingénieur français, dont il faisait toutefois une critique fort superficielle. On a retrouvé dans ses papiers un brouillon d'une lettre adressée à Newcomen, dans laquelle il disait : « Si *Papin* pouvait faire le vide » *subitement* dans son cylindre, votre affaire serait faite. »

Les modifications apportées par Newcomen et Cawley, pour atteindre ce but, consistaient à produire la vapeur dans une chaudière indépendante du cylindre où se meut le piston, puis, à projeter de l'eau froide sur la surface extérieure du cylindre, pour condenser la vapeur, lorsque le piston était arrivé au bout de sa course, et que la pression atmosphérique devait agir.

Vers 1712, ils établirent une machine de leur système pour l'épuisement d'une mine de houille. Ils examinaient fonctionner cette machine, lorsqu'ils remarquèrent qu'elle prit tout-à-coup un mouvement beaucoup plus vif qu'à l'ordinaire; et, à la suite d'investigations, ils reconnurent que ce fait avait été produit par le passage, dans le compartiment inférieur, de l'eau qu'on mettait au-dessus du piston pour le rendre étanche, et que ce contact direct de l'eau avec la vapeur opérait une condensation plus rapide.

Ce fut un trait de lumière pour ces inventeurs; à partir de cette époque, ils injectèrent directement l'eau de con-

densation dans le cylindre même, et obtinrent de cette
machine une allure plus vive et un travail plus considérable.

Voici du reste la vignette que l'auteur en donne :

Le cylindre A est monté directement au-dessus de la
chaudière B, avec laquelle on peut le mettre en communication par le robinet a. Un piston D est suspendu par une
chaîne à un balancier en bois, dont les extrémités forment
deux segments de cercle. Enfin, la tige D' de la pompe
d'épuisement est attachée par une chaîne semblable à l'autre
extrémité du balancier, et porte un contre-poids suffisant
pour équilibrer tout le système et vaincre dans la descente
la résistance de cette pompe.

En ouvrant le robinet a, au moment où le piston est au bas de sa course, la vapeur de la chaudière lui fait parcourir toute sa course. Parvenu au sommet, comme la figure l'indique, on ferme le robinet a, et on en ouvre un autre b qui permet à l'eau de condensation de se projeter en gerbe dans le cylindre. Un vide partiel s'y établit, et la pression atmosphérique fait redescendre le piston et actionne la pompe.

Lorsque le piston est arrivé au bas de sa course, on fait évacuer l'eau et l'opération recommence. La manœuvre des robinets qui se faisait à la main dans l'origine, fut plus tard rendue automatique en les reliant au balancier. La conception de cette idée n'appartient pas aux premiers inventeurs ; il paraît qu'on la doit au hasard.

Un jeune enfant, Henri Potter, se trouvant chargé de la conduite de cette machine, entend les cris de joie de ses camarades en récréation et brûle d'aller les rejoindre. Il reconnaît que les positions du balancier et des différents robinets sont dans une dépendance nécessaire, et que le balancier peut imprimer aux autres pièces tous les mouvements que le jeu de la machine exige. Potter relie donc, par des cordons, les manivelles des robinets à des points convenablement choisis sur le balancier; et pour la première fois, la machine à vapeur marche d'elle-même.

Les constructeurs substituèrent ensuite des tringles rigides à ces cordons, ne faisant ainsi que modifier le mécanisme que suggéra à un enfant le besoin d'aller jouer avec ses camarades.

Ces inventeurs apportèrent d'importantes améliorations à la machine de Papin; outre ce mécanisme de distribution, on trouve dans leur machine, l'emploi du balancier ; un système de condensation fort pratique, un générateur indépendant du cylindre moteur, et on peut dire que ces différentes dispositions sont les éléments constitutifs de la machine actuelle. Ainsi perfectionnée, elle se répandit rapidement en Angleterre, sous le nom de machine de *Newcomen*, et elle existe encore aujourd'hui dans certaines localités. Ce fut le premier type de machine à vapeur appliqué à l'industrie ; toutefois, il convient d'ajouter qu'elle ne fut employée qu'aux épuisements, et qu'elle n'était pas susceptible de produire utilement de la force motrice.

Leupold, 1720. — Dans un travail très-important, publié à Leipsick, en 1724, intitulé : *Theatrum Machinarum*, Leupold a émis, le premier, l'idée des machines à *haute pression* actuelles, mais appliquées à des élévations d'eau. Il propose, en effet, de faire agir directement la vapeur à haute pression, puis, au lieu de la condenser, de la laisser échapper dans l'atmosphère.

Sa machine se compose de deux cylindres semblables à ceux de Newcomen, agissant de même, et fonctionnant sous une pression supérieure à celle de l'atmosphère. M. Armengaud donne le dessin de Leupold, réduit à moitié avec description ; nous pensons pouvoir l'omettre.

James Watt, 1769. — James Watt est né à Greenock, en Ecosse, le 19 janvier 1736, et mort le 25 août 1819. Jusqu'à lui, les appareils à vapeur n'avaient été appliqués que pour élever les eaux, actionner des pompes ; mais, dans ses mains et avec l'aide de son digne associé Boulton, la machine de Newcomen devint un moteur industriel, susceptible de produire utilement de la force motrice.

Très-habile constructeur d'instruments de précision, et doué en même temps d'une très-grande facilité pour l'étude, ses aptitudes théoriques et pratiques le firent distinguer par l'université de Glascow, qui le choisit à l'âge de vingt-un ans, pour son ingénieur, et le chargea de la conservation de ses collections de modèles.

C'est, en cette qualité, qu'il eut à réparer un modèle d'une machine de Newcomen, qui n'avait jamais fonctionné convenablement. La réparation en fut heureuse, et ce modèle put figurer à l'avenir dans les cours.

C'est alors que, fortifié de connaissances étendues en physique, il conçut les diverses modifications dont le système de Newcomen lui parut susceptible. Et, telle fut la rectitude des perfectionnements apportés par lui à cette machine primitive, qu'il n'existe encore que de faibles différences de forme et de détail, dues surtout à l'outillage des ateliers modernes, entre les machines qu'il construisit dans les derniers temps de sa carrière, et les moteurs à vapeur construits de nos jours.

Enumérer les inventions de Watt, c'est décrire la machine à vapeur presque tout entière, dont il est juste de le considérer comme le véritable créateur ; il y apporta successivement, en effet, les modifications suivantes :

1° Il inventa le *condenseur indépendant*, et, comme complément, la *pompe à air*, qui extrait l'eau du condenseur et fait le vide ;

2° Les cylindres à double enveloppe ;

3° La machine à simple effet, qu'il substitua à la machine atmosphérique ;

4° La machine à double effet, généralement employée aujourd'hui ;

5° Il obtint la transformation du mouvement rectiligne alternatif du piston, en celui de rotation, d'abord à l'aide d'une combinaison d'engrenages, et ensuite en employant la manivelle proposée par *Washborough*, qui s'était fait patenter pour ce perfectionnement, ce qui empêcha Watt d'en faire immédiatement l'application.

Il fit avec succès l'application du *volant régulateur*, qui avait été proposé en 1757 par un ingénieur *Keane Fitzgerald*, membre de la Société royale de Londres ;

Il imagina l'emploi de la vapeur avec détente ;

Il inventa le parallélogramme auquel la postérité a conservé son nom ; le régulateur à force centrifuge , etc.

« Watt, dit M. Armengaud , ne s'est pas seulement
« distingué par une imagination pour créer , il s'est aussi
« rendu célèbre par ses recherches théoriques concernant
« les proportions des machines , comme dimensions géné-
« rales et résistance des pièces du mécanisme. Secondé par
« son célèbre associé Boulton, il présida lui-même à la
« construction de l'immense quantité de machines qui sor-
« tirent de ses ateliers.

« Son établissement était devenu une sorte d'école pra-
« tique, où tous les ingénieurs de l'Angleterre et de l'Eu-
« rope entière venaient étudier la construction des machines
« à vapeur, afin de les introduire dans leurs pays respec-
« tifs. C'est ainsi que Perrier arriva à construire à Chaillot
« les machines établies pour l'élévation des eaux de la
« Seine, et connues sous le nom de *Pompes à feu*. Ces
« machines ont été remplacées récemment par des ma-
« chines modernes sorties de l'établissement du Creusot.

« A partir de Watt, il est aisé de comprendre que les
« innovations durent se multiplier rapidement, puisqu'il ne
« s'agissait que de perfectionner un moteur déjà très-
« avancé et dont l'importance n'était pas douteuse : *Horn-*
« *blower*, en 1781 , et Woolf, en 1804, imaginèrent la
« machine à deux cylindres, qui permet d'employer avan-
« tageusement la vapeur avec détente, et qui est générale-
« ment connue sous la désignation : *Machine de Woolf*.
« Enfin, Trevithick et Vivian firent les premiers, en 1802,
« l'application des machines à haute pression, proposées,
« depuis longtemps, ainsi qu'on vient de le voir, par
« Papin et Leupold.

« A l'égard des améliorations successives apportées aux
« générateurs, nous en dirons quelques mots, en décrivant
« les dispositions actuelles ; la comparaison en sera plus
« facile , et, d'ailleurs, ces organes n'ont pas reçu de mo-

« dification aussi caractéristiques que le moteur lui-même ;
« ce qui nous excuse, peut-être, de n'en pas faire un his-
« torique spécial. »

III° SECTION.

Anciens générateurs à vapeur.

Les chaudières des machines de Newcomen consistaient
en un vase circulaire (voir la vignette précédente), terminé
en dessus par une portion de sphère, et produisaient de la
vapeur à la pression de 1 atmosphère. Mais, lorsque Watt
se fut occupé de ces moteurs, il porta la pression à 1 atm. $\frac{1}{4}$,
et donna aux chaudières la forme d'une caisse prismatique,
dont la section verticale présentait deux parois verticales
presque planes, un fond concave et une paroi supérieure
demi-cylindrique : c'est la forme dite *en tombeau*.

Watt donnait à ses chaudières 26 mètres 1 quart de
surface de chauffe pour vaporiser un mètre cube d'eau dans
1 heure, soit :

$$\frac{1000^k}{26} = 38^k,4$$

d'eau vaporisée par mètre carré et par heure ; c'est à peu
près trois fois plus qu'on ne fait produire aux générateurs
actuels ; mais dans les chaudières prismatiques, la surface
exposée directement à l'action du foyer est plus grande que
dans les générateurs à bouilleurs, et moyennement le tiers
de la surface totale. Cette production correspond à $1^m,710$
à $1^m,720$ de surface de chauffe totale par mètre carré
et par heure. Tredgold faisait observer que la surface du
fond pourrait servir exclusivement à cette mesure, en lui
attribuant $0^m,941$ par force de cheval.

Surface de la grille. — Les générateurs de Watt
absorbaient 30 kilogrammes d'eau par force de cheval et

par heúre, et la marche des foyers ne permettait pas de produire plus de 5 kilogrammes de vapeur par kilogramme de houille brûlée ; la dépense correspondante de charbon était donc de 6 kilogrammes environ. Le poids de combustible brûlé par décimètre carré de grille et par heure variàit de $0^k,6$ à $0^k,8$, ce qui convient encore aujourd'hui pour les foyers avec tirage à air libre.

CHAPITRE II.

Chaudières cylindriques à foyers extérieurs.

L'auteur dans ce chapitre traite de la disposition générale d'un générateur à bouilleurs. Une planche de l'atlas reproduit un type d'appareils étudié sur les meilleurs modèles. Voici les conditions principales de cette étude :

Le corps de chaudière et les bouilleurs sont formés de viroles de 8 à 10 millimètres d'épaisseur, se croisant de $0^m,07$ centimètres à l'endroit des clouures. Les deux bouts de la chaudière sont en tôle plus épaisse. La première virole des bouilleurs dépasse la longueur de la grille, afin qu'il ne se trouve pas de rivure à l'aplomb du foyer. Dans cet exemple, le foyer a $1^m,50$ de profondeur, et la première virole $2^m,30$; enfin, ces bouilleurs qui ont une longueur totale de 6 mètres, ont trois viroles seulement ; car moins il y a de raccords, moins les fuites et les flexions sont à craindre.

Lorsque les bouilleurs ont un grand diamètre, chaque virole comprend deux feuilles sur la circonférence ; celle inférieure de la première virole exposée au coup de feu, doit être surtout d'une qualité irréprochable.

Entre les conduits cylindriques qui établissent la communication des bouilleurs à la chaudière, il doit rester sur le corps cylindrique trois fois environ la largeur d'une pince ou d'un rebord de clouure. Le diamètre de ces communications doit être le plus grand possible et ne pas être inférieur à $0^m,300$ intérieurement.

Lorsque le générateur ne permet pas d'atteindre ces dimensions, il vaut mieux n'adopter qu'un seul bouilleur, afin de lui conserver un grand diamètre ainsi qu'aux tubulures.

Quant au réservoir de vapeur ou dôme, on peut le former d'une seule feuille de tôle roulée et rivée par ses bords; la cornière inférieure, qui sert à le river sur la chaudière, est relevée à chaud. La partie principale du corps sur laquelle se monte ce dôme, est percée d'un trou beaucoup plus faible que le diamètre de ce dôme, et seulement suffisant pour débiter largement le volume de vapeur à dépenser.

Le fourneau doit être indépendant des constructions voisines latérales, et il convient de laisser entre les deux constructions un vide de quelques centimètres, que l'on fait disparaître en le rebouchant en haut sur une petite hauteur. La masse générale se compose de murailles en briques ordinaires, revêtues intérieurement d'une largeur de briques réfractaires dans les parties exposées au feu et au courant d'air chaud; les carneaux sont courbes. Vis-à-vis des carneaux et sur la face antérieure, on ménage des ouvertures fermées par une brique, pour l'enlèvement de la suie.

Les bouilleurs ne font que reposer sur leurs supports; il faut en diminuer le nombre autant que possible, et n'en pas mettre près du foyer. Pour des chaudières d'environ 6 mètres de longueur, les points d'appui extrêmes suffisent.

L'ouverture du cendrier doit être munie d'une porte que l'on ferme dans les heures d'arrêt, et pendant la nuit, afin d'éviter l'entrée de l'air froid et de maintenir la pression.

La grille est formée de barreaux plats en fonte dure, se touchant par des saillies ménagées aux extrémités seulement; si leur longueur excède 1 mètre, il convient de mettre aussi des saillies au milieu. L'épaisseur de ces saillies est telle que la surface des espaces vides est environ le quart de la surface totale de la grille, c'est-à-dire qu'elle est le sixième environ de l'épaisseur d'un barreau à sa base supérieure.

La figure ci-après représente la disposition des barreaux d'un fragment de grille établie d'après ces principes, pour brûler de la houille, et dans laquelle la totalité des vides est bien le quart de la surface totale de la grille, mesurée entre les points de contact.

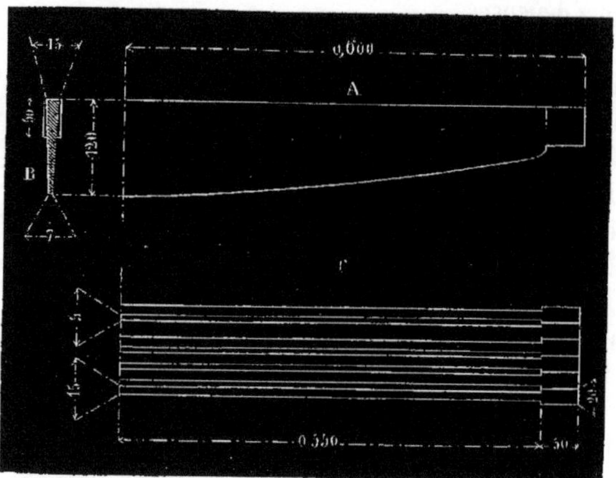

En général, les barreaux doivent être minces et les espaces libres très-étroits, non-seulement pour brûler avec économie des combustibles menus, mais encore pour favoriser la répartition de l'air sur le combustible, et pour conserver les grilles.

Cheminées. — Pour des générateurs dont la puissance s'élève au-dessus de 8 à 10 mètres de surface de chauffe, les cheminées sont en briques et peuvent être carrées ou rondes; au-dessous de cette puissance, on les fait souvent en tôle et cylindriques, et on les retient à leur sommet par des haubans en fil de fer.

La forme carrée étant plus simple, est souvent adoptée pour les cheminées en briques; mais les cheminées circulaires, moins sensibles à l'action des vents, et présentant au courant d'air un maximum de section pour le moindre pourtour, sont préférables et se répandent de plus en plus.

Une cheminée doit être élevée en briques entières qui aient conservé complètement leur croûte vitrifiée par la cuisson; elle présente un fût tronc conique, régulier à l'extérieur, reposant généralement sur un piédestal carré. Les parois, en s'élevant, diminuent d'épaisseur par des retraits menagés sur le conduit intérieur; entre chaque retrait, l'épaisseur des parois est uniforme; la saillie de chaque retrait est de $0^m,11$, soit une demi-longueur de briques. Dans les conditions ordinaires, l'épaisseur de ces parois, vers le haut de la cheminée, peut être réduite à $0^m,11$, et chaque retrait l'augmente de $0^m,11$; de sorte que chaque division a successivement pour épaisseur, en partant du sommet, une demi-longueur de briques, une longueur, une longueur et demie, deux longueurs, etc.

Le revêtement du canal de communication et celui de la cheminée, jusqu'à une hauteur de 3 à 4 mètres, doivent être faits en briques réfractaires; vis-à-vis ce canal, une porte, simplement fermée par une cloison de briques, sert à enlever les suies. Enfin, pour empêcher l'eau de dégrader les joints, le sommet doit être recouvert d'une couronne en tôle, ou en fonte très-mince et du moindre poids possible.

Dans tous les cas, les règlements administratifs prescrivent de ne jamais construire la cheminée sans l'axe des générateurs, afin de ne pas aggraver les accidents dans les cas d'explosion.

Tracé de la cheminée. — La pente de la paroi extérieure des cheminées est ordinairement de 25 à 30 millimètres de hauteur verticale ; la pente la plus forte se trouvant appliquée, lorsque la cheminée présente peu de hauteur. Les dimensions ordinaires des briques sont $0^m,22$ longueur, $0^m,11$ largeur, et $0^m,055$ épaisseur.

L'exemple cité est celui-ci : le diamètre intérieur au sommet égale $0^m,47$, et la hauteur de la partie circulaire conique égale 16 mètres ;

Le diamètre extérieur en haut devient $0^m,47 + 0^m,22 = 0^m,69$, et le diamètre en bas avec $0^m,03$ de pente est égale à :

$$0^m,69 + 2\,(16^m \times 0,03) = 1^m,65.$$

L'épaisseur inférieure des parois est donc :

$$\frac{1,65 - 0,47}{2} = 0,59.$$

Cette épaisseur devant être un multiple exact de $0^m,11$, largeur d'une brique, $0^m,55$ doit être adopté pour l'épaisseur dans cette partie.

Le diamètre intérieur dans le piédestal est cylindrique ; il devra donc être égal à :

$$1,65 - 2 \times 0,55 = 0^m,55.$$

Nous ne nous arrêterons pas à la description de la grande cheminée des forges de Rachecourt (Haute-Marne), qui a $36^m,55$ d'élévation, un diamètre intérieur de $1^m,50$ au sommet, de $2^m,25$ à la base, et qui dessert tous les feux de cet important établissement ; mais nous dirons un mot des moyens cités par l'auteur, pour redresser une cheminée hors d'aplomb.

L'un d'eux consiste à enfoncer des coins à diverses hauteurs dans la maçonnerie, jusqu'à ce que la verticalité soit rétablie. « M. Voruz, de Nantes, dit l'auteur, a pratiqué ce « moyen pour redresser la cheminée de sa fonderie, mais « en le perfectionnant. Il a fait fondre quatre plaques de « fonte garnies chacune de parties saillantes comme des « nervures; puis il les a introduites deux à deux et l'une « sur l'autre, dans la muraille de la cheminée à sa naissance « inférieure. Une fois en place, les deux paires de plaques « laissaient entre elles, par leurs parties saillantes, des vides « dans lesquels des coins ont été chassés à coup de masse. « Cette opération a eu un résultat complet. »

Enfin, l'autre procédé consiste à donner des coups de scie à travers le corps de la cheminée jusqu'à son centre, en sens contraire du hors d'aplomb qu'il s'agit de détruire. La cheminée referme les vides en s'inclinant par son propre poids et reprend sa verticalité.

Proportions des générateurs. — Les meilleurs constructeurs admettent que pour les chaudières appliquées aux machines fixes, chaque mètre carré de surface de chauffe totale ne doit pas vaporiser plus de 12 kilogrammes d'eau par heure, à une pression absolue de 5 à 6 atmosphères.

Lorsque la puissance de vaporisation doit être considérable, on n'accroît pas indéfiniment les dimensions des générateurs; il est préférable de les multiplier, d'en faire deux ou trois. L'auteur résume ainsi les relations principales qui doivent exister entre les différentes parties des générateurs :

Pour les chaudières sans bouilleur, établies pour des puissances inférieures à 10 mètres carrés de surface de vaporisation, le diamètre ne se trouve pas au-dessous de $0^m,60$ et ne s'élève pas au-dessus de $1^m,10$; la longueur ne dépasse guère 6 mètres.

Dans les chaudières à un seul bouilleur, particulièrement appliquées pour des puissances de 8 à 20 mètres carrés, le diamètre du corps principal n'est pas inférieur à $0^m,75$, ni supérieur à $1^m,10$, et le diamètre correspondant du bouilleur est limité entre $0^m,40$ et $0,60$; la longueur ne dépasse pas 7 mètres.

Pour les chaudières à deux bouilleurs, employées depuis 15 jusqu'à 56 mètres de surface de vaporisation, le diamètre du corps principal se trouve compris entre $0^m,80$ et $0^m,50$ au plus, et ceux des bouilleurs, entre $0^m,45$ et $0^m,70$.

Au-dessus de 56 mètres carrés de surface de vaporisation, il convient de faire deux générateurs. Quant aux capacités, la disposition des générateurs à corps cylindrique est telle que dans les limites de dimensions les plus extrêmes, le volume d'eau contenu équivaut à 15 ou 20 fois celui vaporisé par heure ; mais la réserve d'eau des chaudières tubulaires, qui est néanmoins suffisante, est de beaucoup inférieure, et ne dépasse guère généralement 5 à 6 fois la dépense d'eau par heure ; c'est une limite qu'il conviendrait de ne pas franchir.

Le volume occupé par la vapeur ne doit pas être moindre de 60 fois la dépense de vapeur, par seconde ou égale à la dépense par minute. On calcule, en effet, que si la production devait cesser pendant une demi-minute seulement, la pression se trouverait réduite à moitié.

Enfin, pour compléter ce sujet, des tables résumant les dimensions principales de ces trois types de générateurs ont été calculées.

Dimensions des grilles. — Les constructeurs sont aujourd'hui d'accord pour admettre que l'on ne doit pas dépasser 45 à 50 kilogrammes de houille brûlée par mètre carré de grille et par heure ; pour d'autres combustibles, cette valeur se modifie nécessairement d'après la rapidité plus ou moins grande avec laquelle ils brûlent.

Supposant une pression maximum des générateurs ordinaires à 6 atmosphères, par exemple, on trouve que 1 kilogramme de vapeur, à cette tension, contient 654 calories; or, la combustion de 1 kilogramme de houille fournit 7600 calories; il devra donc vaporiser théoriquement :

$$\frac{7600}{654} = 11,6 \text{ kilogrammes d'eau.}$$

Dans la pratique, il faut compter sur 6 à 7 kilogrammes seulement. Un mètre carré de surface de chauffe correspondant à une vaporisation de 12 kilogrammes par heure, fournira une consommation de houille égale a :

$$\frac{12}{6,5} = 1^k,85.$$

Si la combustion s'opère donc à 50 kilogrammes par mètre carré de grille, la quantité proportionnelle pour la surface de chauffe devient :

$$\frac{1^{mq} \times 1,85}{50^k} = 0^{mq},037.$$

Ce qui revient à dire que la surface de la grille doit être 37 décimètres carrés par mètre carré de surface de chauffe, soit pour le passage de l'air, en espaces libres $= 0^m,25 \times 3^d,7 = 0^{dq},925$.

Quant à la section intérieure de la cheminée, on peut la déterminer pratiquement en fonction de la surface de chauffe; elle correspond à $0^{dq},7$ par mètre carré de cette surface.

La section des carneaux doit être un peu plus grande que celle de la cheminée, attendu qu'ils sont plus susceptibles de s'encombrer de suie; elle peut être 1/100 de la surface de chauffe totale, soit donc en résumé :

s étant la surface de la grille, s' la section de la cheminée, s'' celle des carneaux, S la surface de chauffe totale, les trois relations :

$$s \; = 0,04 \;\; \text{S environ.}$$
$$s' = 0,007 \; \text{S}$$
$$s'' = 0,01 \;\; \text{S}$$

Puissance de vaporisation comparée à la puissance dynamique. — Il est d'usage d'énumérer en chevaux-vapeur la force à laquelle les générateurs correspondent ; l'auteur établit :

Que, si l'on fait usage d'une machine à haute pression, sans détente, le générateur devra avoir une puissance de vaporisation d'environ $2^{mq},32$ par force de cheval ;

Que, pour une machine sans détente avec condensation, cette puissance est $1^{mq},89$ par force de cheval ;

Qu'enfin, pour une machine à condensation, où la détente est poussée à 10 fois le volume primitif, la puissance proportionnelle du générateur est $0^{mq},58$.

Généralement, les bons constructeurs admettent $1^{mq},50$ de surface de chauffe totale, par force de cheval, le rendement de la machine étant compté, sur l'arbre du volant, à 60 p. % d'effet utile.

M. Armengaud consacre ensuite plusieurs chapitres de son livre à l'exposé de types divers de générateurs et de foyers. Nous y remarquons un générateur à un seul bouilleur, d'un excellent modèle pour les petites dimensions ; le système de M. Farcot, à bouilleurs latéraux et à flamme descendante ; celui de MM. Cail et Cie, aussi à flamme descendante, mais avec bouilleurs en dessous ; un type de générateurs avec bouilleurs verticaux, l'étude des générateurs chauffés par les chaleurs perdues dans les établissements de forges et de hauts-fourneaux ; l'étude des différents systèmes de générateurs tubulaires ; celle des générateurs à foyer intérieur, système dit de Cornwall généralement usités en Angleterre ; enfin la description des différents systèmes de générateurs, *à production instantanée*, qui ont été essayés dans ces derniers temps.

Au sujet de ce dernier système, nous citerons les résultats d'expérience obtenus par M. Boutigny, d'Evreux, sur un appareil de son système, essayé à la Villette en 1851. Dans une expérience qui a duré 9 heures, cet inventeur à constaté que 81 kilogrammes de houille avaient vaporisé 351 kilogrammes d'eau à 10 atmosphères.

Soit, $4^k,33$ de vapeur par kilogramme de houille ; un générateur ordinaire aurait produit au moins 6 kilogrammes.

D'excellents dessins à l'échelle complètent ces différentes relations.

CHAPITRE VII.

FOYERS FUMIVORES.

Au moment de la charge d'un foyer, l'insuffisance du volume d'air fourni et l'abaissement de température, font qu'une partie seulement du combustible est brûlée ; l'autre se dégage en vapeurs résineuses ou schisteuses et en oxyde de carbone, qui constituent la fumée. L'oxyde de carbone qui s'en va en fumée, occasionne une perte sensible de chaleur, et il est possible de le brûler en la faisant disparaître.

Les combustibles les plus purs en carbone sont ceux qui produisent le moins de fumée, ce sont : le charbon de bois, le coke, les anthracites ; les houilles grasses, la tourbe, les bois qui renferment plus de corps étrangers, produisent aussi plus de fumée.

Sur un foyer ordinaire, on remarque :

1° Qu'on ne peut pas éviter la fumée au moment de l'allumage ;

2° Que lorsque le foyer est bien en feu, il n'y a pas de

fumée, et qu'on peut réduire celle de l'alimentation du foyer par des charges faibles et fréquentes ;

3° Qu'enfin, en augmentant la surface de la grille, on diminuait la fumée.

M. Combes, après de nombreuses expériences, a conclu que pour rendre autant que possible un foyer fumivore, la grille ne devait pas avoir moins de 1,5 décimètres carrés par kilogramme de houille à brûler et par heure ; que la somme des vides entre les barreaux doit être le quart de l'aire totale de la grille, et la section de la cheminée et celle des carneaux, le tiers de cette aire ; qu'enfin, il convient de compter sur une quantité de combustibles brûlés, notablement supérieure à celle qui correspond à la marche normale.

L'auteur divise les différents systèmes fumivores proposés en trois classes principales :

1° Distributeurs mécaniques ;

2° Transformation des combustibles en gaz et foyers combinés ;

3° Introduction d'air, forme spéciale de grilles et emploi de jets de vapeur.

Distributeurs mécaniques et grilles tournantes. — En 1819, Brunton, ingénieur anglais, a imaginé un système de grille tournante. Elle est circulaire, montée sur un arbre vertical en fer et forgé et reçoit de la machine motrice un mouvement de rotation très-lent, environ 3 à 4 tours par minute. Une trémie distribue le combustible sur cette grille par intervalles réguliers et la rotation l'amène peu à peu vers le fond du foyer ; dans ce cas, la fumée produite par le charbon frais, sur l'avant de la grille, est enflammée et brûlée par les couches incandescentes qui se trouvent au fond.

M. Sébille, manufacturier à Nantes, a proposé un système analogue, dans lequel cette grille est mue à la main. Le combustible est déposé sur la partie antérieure, et à chaque charge, on fait un demi-tour.

M. Payen a placé au-dessus d'une grille fixe et en dehors du fourneau, trois trémies dans lesquelles le combustible se trouve brisé par des cylindres garnis de dents, et tombe, ainsi divisé, d'une façon continue sur la grille. Après une expérience de dix années à sa manufacture de Grenelle, M. Payen constate l'efficacité de cette disposition, comme fumivorité et comme économie de combustible.

M. Moulfarine, ancien constructeur-mécanicien, a apporté différentes améliorations à la grille de Brunton, une planche avec description en donnent le détail.

Grille mobile par translation. — M. Juckes, ingénieur anglais, s'est fait patenter, en 1842, pour un système de grille mobile différent du premier. Cette grille est composée d'un grand nombre de barreaux articulés entre eux et s'enroulant autour de deux tambours horizontaux, à la manière d'une chaîne sans fin. Le charbon divisé en morceaux assez menus est placé dans une trémie montée sur le devant du fourneau et dont l'ouverture règle l'épaisseur de la couche sur la grille ; le combustible se consume à mesure qu'il s'avance vers le fond du foyer, et la fumée dégagée de la partie antérieure se trouve brûlée par les couches incandescentes de l'arrière. L'importation de ce système a été fait en France par M. Tailfer, mécanicien français, et suivant M. Armengaud, c'est celui qui a reçu le plus de sérieuses applications.

Cet appareil est complétement fumivore, sauf le cas d'une cheminée trop petite. Il convient d'animer la grille d'une vitesse d'autant moins considérable que le charbon est plus gros. Pour le charbon d'Anzin, la vitesse de 32 millimètres par minute, avec une épaisseur de couche de 8 centimètres et demi, est celle qui a donné les meilleurs résultats.

Foyer fumivore à alimentation intérieure.—Le système

de M. Dumery a pour principe l'allumage et la combustion par la partie supérieure de la couche de charbon; le combustible frais est distribué par la partie inférieure, de manière à laisser toujours découverte la partie incandescente, et à brûler sur la couche supérieure les produits de la première distillation.

M. Dumery considère la fumée comme un corps ne rendant pas par sa combustion une somme de chaleur plus grande que celle dépensée pour l'opérer par l'introduction de jets d'air ou de vapeur à l'intérieur du foyer et au-dessus de la couche de combustible. Cette opinion concorde avec diverses expériences, et M. Burnat notamment a trouvé (1) que la perte réelle de calorique, due à une combustion vicieuse, accompagnée au début d'une fumée chargée de noir ne dépasse pas 5 p. % ; la question de fumivorité est donc surtout une question de salubrité.

M. Dumery pense qu'il vaut mieux empêcher la production de la fumée que de la brûler ensuite; son système, qui remplit cette condition, est évidemment très-rationnel, mais il pêche par une certaine complication.

M. George, ingénieur à Paris, a présenté un système de foyer fumivore, basé sur le même principe que le précédent, devant présenter les mêmes qualités fumivores, mais avec une disposition beaucoup plus simple.

Le mécanisme a pour base la vis sans fin employée à l'élévation du combustible directement au centre de la grille. Elle est formée de barreaux courbes qui constituent comme une cuvette percée au centre d'une large ouverture.

A cette ouverture correspond un conduit circulaire, dans lequel tourne une vis sans fin, qui sert à élever le combustible que l'on jette dans un récipient évasé solidaire de la

____

(1) Voir le n° 146 du Bulletin de la Société industrielle de Mulhouse.

vis et tournant avec elle. On fait mouvoir à la main ou d'une manière continue la cuvette et la vis, et le combustible frais, élevé par ce mouvement, repousse la masse en ignition et la chasse vers les bords.

On estime qu'avec un appareil semblable, dont la vis aurait $0^m,15$ de diamètre et ferait 5 tours par minute, on peut alimenter le foyer d'un générateur d'une puissance de 15 mètres carrés de surface de vaporisation. Pour des puissances supérieures ou des foyers plus profonds, on pourrait employer plusieurs appareils commandés simultanément.

Transformation des combustibles en gaz. — M. Beaufumé a exposé un système consistant dans la transformation du combustible en gaz, que l'on dirige ensuite sous le générateur, où ils sont rallumés et consumés ; le foyer, *producteur de gaz*, est complétement séparé de ce dernier. Les expériences faites pour constater l'effet utile de ce système, sont très-contradictoires. MM. Grouvelle et Jaunez ont trouvé, sur un appareil monté à l'établissement des pompes de Chaillot, qu'on peut obtenir 10 kilogrammes de vapeur à 3 atmosphères par kilogramme de houille brûlée, tandis que M. Emile Burnat n'a obtenu, avec le même poids de houille, qu'une production de $5^k,6$ de vapeur, sur un appareil semblable, monté chez MM. Dolfus, Mieg et Cie.

Foyer fumivore à combustion mixte. — M. Corbin-Desboissières, ingénieur métallurgiste, a imaginé un système simple et facile à exécuter sans modifier sensiblement le mode ordinaire de construction. La figure ci-après, extraite du texte de l'ouvrage, en donne une idée tout-à-fait exacte.

La sole du foyer est toujours formée de trois parties : celles latérales A, sont composées de barreaux en fonte, et la partie centrale B est pleine et construite en briques.

Laissant de côté les détails de la construction, voici comment s'opère le chauffage :

Après avoir allumé, comme à l'ordinaire, sur les parties latérales A garnies de barreaux, on dépose le combustible frais sur la partie centrale, puis on ferme les portes.

La chaleur de ce dernier, développée par la partie incandescente, chauffe peu à peu cette masse fraîche, et en opère lentement la distillation. Lorsque les masses latérales s'épuisent, on les alimente du combustible de la partie centrale, au moyen d'un tisonnier et d'ouvertures ménagées pour cela. Enfin, lorsque la masse centrale diminue, on y introduit de nouveau charbon.

La combustion s'y trouve bien préparée, puisque le charbon amené sur les barreaux y arrive à une température très-élevée, et à peu près purgée de ses gaz fumivores.

Les applications que M. Corbin a faites sur plusieurs générateurs, à Paris et en Belgique, de son système de foyers, ont donné de très-bons résultats, et démontrent qu'il est bien fumivore et peut produire une certaine économie sur la consommation du combustible.

Foyer fumivore par introduction additionnelle d'air. — L'Administration française ayant chargé M. Combes, inspecteur en chef des mines, de déterminer les moyens propres à l'extinction de la fumée, cet ingénieur résolut ce problème avec une grande simplicité.

Il pratiqua dans la maçonnerie d'un fourneau disposé,

ainsi que le foyer, à la manière ordinaire, deux canaux de chaque côté de la grille, qui venaient déboucher dans le carneau inférieur un peu au-delà de l'autel, et à l'extérieur sur la face du fourneau. Ces canaux lançaient dans le courant de gaz chauds, deux jets d'air froid, horizontaux et perpendiculaires à la marche des produits de la combustion.

Sous le rapport de la fumivorité, cette disposition eut un plein succès. Aussitôt que les canaux étaient débouchés et les jets d'air établis, la fumée disparaissait complétement. Mais la quantité de vapeur produite par l'application de ce procédé, n'étant pas augmentée, il fallut bien en conclure que la quantité de charbon perdue à l'état de fumée, et utilisée, au contraire, par l'extinction de celle-ci, constituait un bénéfice compensé par une perte d'une autre nature.

M. Combes, ayant fait l'analyse des gaz sortant de la cheminée, reconnut que quand les jets d'air étaient supprimés et qu'il se produisait de la fumée noire, ces gaz contenaient 10 à 12 2/3 % d'acide carbonique, et 6, 4 à 8,05 % d'oxygène libre, plus de l'azote, et peu ou point de gaz combustibles. Et, lorsque la fumée avait disparu, soit par l'application des jets d'air, soit dans la dernière période d'une charge ordinaire, le courant de gaz chauds ne contenait plus que 6 % d'acide carbonique, et 12 à 13 % d'oxygène libre.

Du reste, il a reconnu par des expériences directes, que le volume d'air introduit par la grille, qui n'était environ que de 5 mètres cubes 1/3 par minute, au commencement d'une charge, s'élevait à la fin jusqu'à 17 mètres cubes 2/3.

M. Combes en a conclu que l'extinction de la fumée, n'étant obtenue que par l'introduction d'un plus grand volume d'air, cet excès entraînait une perte correspondante de calorique; de sorte que la combustion de la fumée, par ce procédé, si elle ne coûte rien, ne rapporte rien que le fait de salubrité lui-même.

Application de jets de vapeur. — On a tenté de rendre les foyers fumivores par l'introduction de jets de vapeur au-dessus de la couche de combustible, dont l'effet est d'activer notablement le tirage.

Ces appareils se composent généralement de tubes, percés de petits trous, qui s'étendent sur les côtés intérieurs du foyer, hors de son action directe, et en communication avec le générateur. Des robinets permettent d'établir ou d'interrompre les jets à volonté.

La fumée, provenant surtout de l'insuffisance de l'air fourni au foyer, au moment d'une charge nouvelle, une injection de vapeur en cet instant accroît le tirage et en diminue la production.

Grille en gradins. — Il y a quelques années, M. de Marsilly, ingénieur des mines, a importé de Russie en France un système de grilles, dit *en gradins.*

La figure ci-contre indique la disposition générale de ce système, appliqué à un foyer de générateur fixe ; en voici la description :

B, barreaux ou plaques étagés, reposant par leurs extrémités sur des sommiers en fonte, fixés contre les parois du foyer. Ils ont environ $0^m,20$ de largeur, se recouvrent d'un tiers, et laissent entre eux un intervalle d'une hauteur moyenne de $0^m,04$;

G, plaque plus large que les autres pour recevoir le combustible froid, avant de l'introduire plus avant dans le foyer ;

D, barreaux du système ordinaire, mais placés, comme les plaques B, perpendiculairement au produit de la combustion.

Sa superficie peut être sensiblement la même que pour la grille ordinaire, soit environ 60 kilog. de houille brûlée par heure et par mètre carré. La partie supérieure de la grille est à $0^m,25$ à $0^m,30$ des bouilleurs, et la partie inférieure à $0^m,60$ environ.

Pour obtenir la fumivorité, on place le combustible cru à la partie supérieure de la grille, et on ne le pousse sur les barreaux inférieurs dans la masse incandescente qu'au moment d'une nouvelle charge. M. Chobrzynski, ingénieur au chemin de fer du Nord, a appliqué ce système aux locomotives sur une large échelle. On y a remarqué que les entrées d'air s'interceptent facilement, qu'alors les barreaux rougissent et fondent, ce qui occasionne un entretien dispendieux. Pour cette raison, on préfère aujourd'hui la grille inclinée du chemin de fer d'Orléans, qui ne diffère de la grille ordinaire que par l'inclinaison des barreaux.

Appliquées aux locomotives, ces grilles ont un autre intérêt que la fumivorité pure et simple ; elles permettent l'emploi de la houille, qui favorise la conservation des cuivres du foyer et des tubes, et procurent une notable économie de combustible.

Au chemin de fer du Nord, antérieurement à 1855 et à l'emploi des grilles à gradins et inclinées, la consommation kilométrique par machine était :

Petites machines à marchandises . . . . . $10^k,1$ coke. .

Grosses machines du Creusot . . . . $11^k,7$ —

En 1858, en employant 1 kilogramme de houille sur 1 kilogramme de coke, la consommation est descendue :

Petites machines à marchandises . . . . $8^k,7$

Grosses machines à marchandises. . . . . 11 ,7.

De plus, les tubes ont effectué des parcours de 120,000 à 140,000 kilomètres qui n'avaient pu être atteints.

Conclusion sur les appareils fumivores. — L'auteur résume ainsi les moyens proposés pour l'extinction de la fumée :

1° Alimenter un foyer par charges faibles, mais fréquentes ;

2° Maintenir la couche incandescente toujours découverte ;

3° Fournir des volumes d'air en rapport avec la masse de combustible à brûler ;

4° Avoir des passages de flamme suffisants pour que le tirage ne soit jamais altéré ;

5° Disposer le combustible dans le foyer, de façon à ce que toutes les parties en soient également soumises au courant d'air qui alimente la combustion.

Ainsi, avec un fourneau qui n'est pas muni d'appareils fumivores spéciaux et dont le foyer est établi suivant les proportions qui ont été données précédemment, on peut, par les seuls soins du chauffeur, annuler sensiblement la production de fumée.

C'est l'opinion de M. Combes, déjà cité au commencement de ce chapitre ; c'est aussi celle de M. Péclet qui, dans son traité sur la chaleur, dit qu'avec un foyer bien construit, dirigé surtout par un chauffeur intelligent, on peut obtenir un effet utile peu différent de celui que donnerait un bon appareil fumivore.

Enfin, M. Armengaud, qui est du même avis, termine ce chapitre par les considérations suivantes :

« Dans certains centres industriels, on a tellement com-
» pris l'importance d'employer de bons chauffeurs pour
» conduire et alimenter les générateurs à vapeur, que l'on
» a institué à ce sujet des cours spéciaux et gratuits, dans
» lesquels on explique, avec toute la lucidité possible, les
» règles pratiques à suivre, les précautions à prendre pour
» obtenir des foyers les résultats les plus économiques.
» Nous croyons que dans l'intérêt des progrès de l'indus-
» trie, on ne devrait pas engager un chauffeur dans les
» usines et manufactures à vapeur, sans qu'il présentât
» une sorte de diplôme ou de certificat constatant qu'il
» possède les connaissances nécessaires, comme on l'exige
» dans les compagnies de chemins de fer, pour les machi-
» nes locomotives, et dans la marine impériale, pour les
» appareils de navigation. »

CHAPITRE VIII.

APPAREILS D'OBSERVATION ET DE SURETÉ

Ne pouvant résumer d'une manière utile dans ce cadre restreint l'important chapitre qui traite des appareils d'observation et de sûreté, nous renonçons à en faire l'analyse, pour dire quelques mots du chapitre suivant qui traite des incrustations des générateurs.

Plusieurs planches de l'atlas reproduisent les meilleurs modèles de *manomètres, niveaux d'eau et soupapes de sûreté,* ainsi que des *indicateurs* de vides et des *thermo-pyromètres ;* outre la description et les calculs des appareils en usage, on trouve encore dans le texte les vignettes de dispositions diverses qui bien que, peu ou point employées aujourd'hui, peuvent cependant présenter un certain intérêt historique.

CHAPITRE IX.

INCRUSTATIONS DES GÉNÉRATEURS A VAPEUR, MOYENS DE LES ÉVITER.

L'eau non distillée contient généralement en dissolution du sulfate de chaux (du plâtre) et du carbonate de chaux (de la craie), puis quelques autres substances en quantité plus faible. Ces sels calcaires échappant à la vaporisation se précipitent en dépôt sur les parois, les détruisent et empêchent la transmission du calorique.

Les moyens proposés pour éviter ces dépôts reposent généralement sur les principes suivants :

1° Extractions fréquentes avant la solidification et nettoyages réitérés ;

2° Additions de substances capables d'empêcher l'adhérence aux parois ;

3° Additions de substances qui viennent se combiner chimiquement avec les sels calcaires et modifier leurs propriétés ;

4° Alimentation avec de l'eau préalablement épurée.

En voici le résumé :

Extraction mécanique. — Le nettoyage en temps opportun des générateurs est le procédé le plus général pour éviter les dépôts.

Avec de l'eau de Seine, un nettoyage par mois paraît suffire, tandis que, à la fonderie de canons de Liége, par exemple, il faut nettoyer après quelques jours de marche seulement. L'extraction et le nettoyage doivent donc être réglés en raison du degré de pureté de l'eau employée, en les rapprochant assez pour que ces dépôts ne soient point encore durcis. Les parties solides sont enlevées à l'aide du râcloir ou en frappant à coups de marteau les parois inté-rieures. Autant que possible, la chaudière ne doit être vidée que froide.

Substances empêchant l'adhérence des dépôts. — Lorsque les eaux sont fortement chargées de sels calcaires, et que des nettoyages fréquents ne peuvent empêcher la formation de croûtes solides, il convient d'employer cer-taines substances pour empêcher cette adhérence.

Le procédé qui paraît le plus efficace consiste à jeter une certaine quantité de pommes de terre dans le générateur. MM. Grouvelle et Jaunez, dans leur traité, disent que pour un générateur de 15 chevaux (soit environ 20 mètres de surface de chauffe), que l'on nettoie une fois par mois, 8 à 10 litres de pommes de terre suffisent à chaque nettoyage. La substance amidonneuse, en se dissolvant dans l'eau, se mêle peu à peu aux produits calcaires, les enveloppe et les empêche de se fixer aux parois du générateur ; ils restent alors à l'état de boue épaisse que l'on peut extraire à l'aide des moyens ordinaires.

Quelques autres substances, les copeaux en chêne, les sons gras, l'argile, la plombagine, le suif, etc., ont encore été employées, mais n'ont pas donné de résultats satis-faisants. En général, ces différents moyens sont d'autant plus inefficaces que les eaux sont plus chargées de sulfate de chaux.

Procédés chimiques. — M. Kuhlmann propose d'intro-duire par mois 100 à 150 grammes de sel de soude par force de cheval ; mais ce procédé est sans effet dans les localités où l'eau, comme à Paris, renferme du sulfate de chaux.

M. Polonceau imagina de détacher le tartre des locomotives, en introduisant successivement dans la chaudière pleine d'eau, et maintenue en ébullition pendant 12 à 15 heures, du carbonate de soude et de l'acide chlorhydrique, après quoi les dépôts se trouvent transformés et dissous, et peuvent être enlevés par un simple lavage.

L'auteur décrit encore plusieurs autres procédés d'un intérêt moindre.

Épuration préalable de l'eau d'alimentation. — Ce système d'épuration comporte deux moyens : distillation préalable ou épuration chimique.

En premier lieu, on peut opérer la première chauffe de l'eau dans des récipients d'une moindre importance que le générateur, disposés entre la chaudière et la cheminée, se chauffant par les chaleurs perdues des fourneaux ; ces récipients, n'étant pas exposés directement à l'action du foyer, donnent lieu à des incrustations moins énergiques ; les bouilleurs des chaudières du système Farcot sont une excellente application de ce principe.

Les condensateurs métalliques de Hall, perfectionnés par M. du Tremblay, et appliqués aussi par M. Bourdon, dans lesquels l'eau de condensation se trouve séparée de la vapeur condensée et celle-ci renvoyée à l'alimentation de la chaudière, réalisent également ce but ; mais jusqu'aujourd'hui, la pratique n'a pas sanctionné leur emploi.

M. Lelong–Burnet s'est beaucoup occupé de cette question de l'épuration des eaux, en employant un procédé *chimico-mécanique* dont il a fait plusieurs applications importantes.

IVe SECTION.

Application de la puissance de la vapeur d'eau aux machines fixes.

Notre cadre ne permet pas de résumer les détails de cette partie importante du travail de M. Armengaud aîné ;

elle traite de l'ensemble du fonctionnement et de la construction des différents organes des moteurs à vapeur, du
calcul de leur puissance, du tracé géométrique et des conditions statiques des organes de la transmission.

Dans cette dernière partie du travail, l'étude des positions et des vitesses relatives du piston, de la bielle et de
la manivelle, de l'égalité du travail développé sur le piston
et transmis à la manivelle, et, enfin, l'influence de la dé-
composition des efforts par l'obliquité de la bielle, sont
l'objet de théorèmes, de calculs et d'épures très-complets.

On y démontre notamment :

1° Que la manivelle possédant une vitesse uniforme, le
piston marche avec une vitesse périodiquement variable ;

2° Que la bielle a pour influence, sa longueur n'étant pas
infinie, de rendre la marche du piston non symétrique dans
les deux moitiés de sa course ;

3° Que considérant la course du piston exactement divisée en deux parties égales, la demi-circonférence correspondante, engendrée par la manivelle, se trouve divisée en
deux angles inégaux, dont le plus faible est compris entre
l'axe de rotation et l'extrémité de la bielle opposée à son
point d'attache avec la manivelle ;

4° Que la pression constante exercée par le piston agit
sur le bouton de la manivelle, dans le sens du mouvement
circulaire avec une intensité variable, proportionnelle au
sinus de l'angle aigu formé par cette manivelle avec la
direction absolue de la pression, la bielle étant supposée
d'une longueur infinie ;

5° Que, à chaque moment de l'action de la bielle sur la
manivelle, le produit de la pression constante sur le piston
par sa vitesse relative, parallèle à l'axe du cylindre, est
égal au produit de la pression sur le bouton de la manivelle, suivant la composante tangentielle, par sa vitesse

dans cette même direction, d'où les deux quantités de travail sont égales entre elles, *et la transformation de mouvement n'en absorbe aucune partie pour elle-même;*

6° Que, si l'obliquité de la bielle est sans effet, quant à la quantité de travail transmise, elle agit, au contraire, d'une manière destructive sur plusieurs pièces et nuit à la bonne marche, et qu'elle doit avoir pour longueur 4 ou 5 fois au moins le rayon de la manivelle.

Enfin, nous ne citerons que pour mémoire la description des principaux types de machines fixes, avec l'épure des mouvements qui termine l'exposé de ces principes généraux.

MÉCANISMES DE DISTRIBUTION.

Cette partie importante des machines à vapeur est l'objet de la plus sérieuse étude, et commence par les distributions sans détente.

Le *recouvrement*, *l'avance* à l'introduction et à l'échappement, *l'angle de calage*, sont l'objet d'épures et de calculs très-complets. La quantité d'avance absolue qui n'a rien de théorique et change avec les principaux systèmes de moteurs, est fixée, dans l'exemple choisi à l'appui de ces documents, pour l'introduction à 1,5 millimètre, et pour l'échappement à $2\frac{1}{2}$ millimètres.

Généralement, si :

R, est le plus grand recouvrement cherché ;
l, la largeur de la bande du tiroir ;
o, la largeur de l'orifice ;
a, l'avance relative à l'échappement ,

on trouve, pour le plus grand recouvrement :

$$R = \frac{l + a - o}{2}.$$

Ainsi, pour un tiroir dans lequel l'orifice d'échappement serait découvert de 1 millimètre avant que l'introduction commence, où les orifices d'admission auraient 30 millimètres de largeur et la bande du tiroir 33, le plus grand recouvrement est :

$$R = \frac{33 + 1 - 30}{2} = 2.$$

Par suite de cette avance, le tiroir n'est plus au milieu de sa course, lorsque le piston est à l'extrémité de la sienne ; soit A la quantité dont il est déplacé, et i *l'avance absolue* à l'introduction fixée à 1,5 millimètre dans l'exemple ci-dessus, on trouve :

$$A = R + i = \frac{l + a - o}{2} + i.$$

Cette avance linéaire totale détermine alors l'angle d'avance : en effet, le rayon de la manivelle et de l'excentrique, qui étaient situés à angle droit, lorsqu'on ne tenait pas compte de l'avance, forment maintenant un angle obtus, composé d'un angle de 90°, plus un angle aigu qui a l'avance linéaire A pour sinus, mesuré sur le cercle décrit par le centre de l'excentrique.

Quant à l'expression générale de la course d'un tiroir, l'auteur l'énonce ainsi : *la course d'un tiroir est égale à la largeur d'une bande, plus celle d'un orifice, plus l'avance absolue à la sortie, moins l'avance absolue à l'introduction.*

Le tracé géométrique de la marche simultanée du tiroir et du piston est l'objet d'une bonne épure soigneusement décrite. Laissant de côté le mode de commande du tiroir simple par une camme curviligne et ses études de mouvements, on peut trouver cependant un certain intérêt historique à reproduire les dispositions les plus remarquables de distributeurs qui se sont produites. Les tiroirs construits par

Watt, notamment, étaient d'une forme très-différente des tiroirs actuels, bien que basés sur un principe semblable, et commandés par un excentrique circulaire.

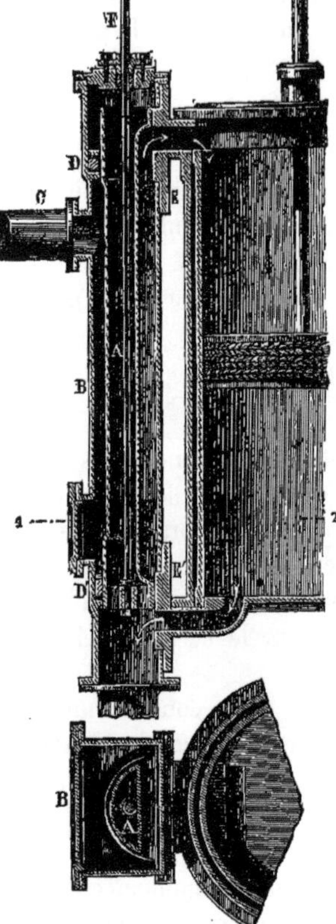

La figure ci-contre représente l'ensemble de ce tiroir. Il se compose d'une partie de tube demi-cylindrique en fonte A, ajusté à l'intérieur d'une boîte en fonte B, en communication avec le générateur par une tubulure C, et par sa partie inférieure avec l'appareil de condensation.

Deux garnitures D et D', jointives avec la convexité du tiroir, interceptent la communication avec le condenseur de la vapeur arrivant du générateur; sa face plane glisse sur deux tables E et E', venues de fonte avec le cylindre, et très-exactement ajustées dans la boîte à vapeur.

L'admission ne peut donc se faire qu'autant que les orifices des tubulures E et E' sont en relation avec l'intérieur de la boîte à vapeur; et l'émission, qu'autant que ces mêmes orifices sont découverts par les extrémités du tiroir, soit directement par l'orifice inférieur E', soit par l'intérieur du tiroir formant conduit, lorsque l'échappement s'opère par l'orifice supérieur E. Cette disposition est donc exactement l'inverse des tiroirs actuels dans lesquels l'admission a lieu par les arêtes extérieures et l'émission par les arêtes intérieures.

Une tige verticale F traversant le tiroir se reliait, comme aujourd'hui, à un excentrique circulaire.

Ce mode de distribution, en reportant les lumières aux extrémités du cylindre, supprime les longs canaux qui, dans la disposition ordinaire, constituent les espaces nuisibles ; mais il a pour inconvénient la difficulté de tenir étanches les garnitures D et D', sans les serrer de façon à gêner la marche du tiroir et à refroidir la vapeur arrivant du générateur, par suite de l'action du condenseur, toujours en contact avec le vaste développement intérieur du tiroir. On peut, il est vrai, éviter ce refroidissement en appliquant un tiroir sur chaque lumière, ou bien encore, en recouvrant ces lumières de pistons fonctionnant comme tiroirs.

On peut encore mentionner le robinet distributeur de Maudslay, dont la clef creuse était divisée par des cloisons, de manière à reproduire, par des mouvements oscillatoires, la fonction du tiroir. Il était sujet à des inégalités d'usure produisant des fuites et des grippements qui l'ont fait entièrement abandonner.

Disques circulaires distributeurs de M. Cavé. — Il y a 25 ou 30 ans, M. Cavé a appliqué dans ses machines oscillantes les disques représentés par la figure ci-après.

« La table des orifices, fondue avec le cylindre, est cir-
» culaire ; elle est percée de quatre orifices ayant la forme
» de secteurs, dont deux sont les lumières des canaux de
» distribution i et i', allant aux extrémités du cylindre, et
» les deux autres aux tubulures I et S, qui communiquent
» respectivement avec le générateur et avec le conden-
» seur. »

La distribution est alors opérée au moyen d'une boîte circulaire creuse A, dont l'une des faces est évidée suivant

deux ouvertures en segment, qui ne laissent entre elles
que deux parties pleines a et b, de la même dimension que
les orifices i et i'. Et, de plus, cette boîte est divisée intérieurement par une cloison c, laquelle rend exactement
distinctes les deux parties qui correspondent respectivement aux orifices I et S de l'arrivée et de la sortie de la
vapeur.

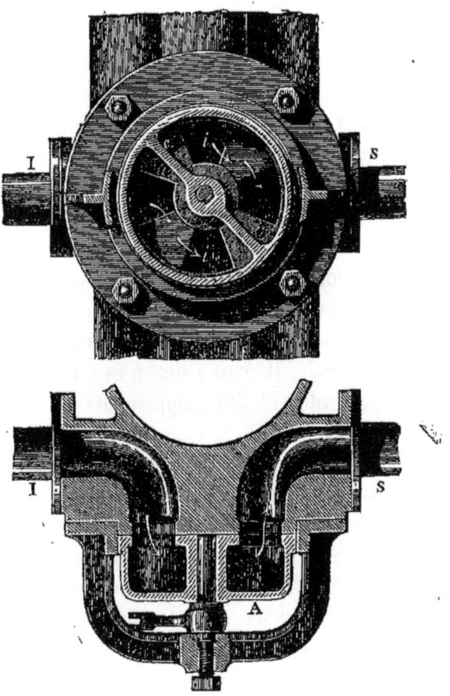

Un mouvement oscillatoire imprimé, soit à ce disque,
soit au cylindre même, opère donc la distribution.

Contrairement à ce qui arrive avec le tiroir ordinaire,

ce disque est non-seulement sans pression sur la table, mais il éprouve encore un certain effort de soulèvement, qui demande à être combattu par un moyen quelconque facile à imaginer. L'inconvénient principal de cette disposition consiste dans l'usure plus forte qui se produit vers la circonférence extérieure que vers le centre, par suite de la différence des vitesses sur les différentes zônes de la surface frottante. On pourrait atténuer sensiblement ce défaut, en proportionnant l'étendue des surfaces en contact aux vitesses circonférentielles.

Détente fixe opérée par recouvrement. — Ce procédé, qui consiste en une notable augmentation du recouvrement des bandes sur les orifices, permet d'opérer une détente invariable, mais de peu d'étendue. En effet, l'excès du mouvement des bandes fait que les deux orifices se trouvent simultanément recouverts à partir du commencement de la détente; d'où il résulte que, s'il y a détente d'un côté, il y a compression de l'autre, puisque l'échappement est aussi interrompu. On peut atténuer cet inconvénient en donnant aux orifices un excès de largeur du côté de celui de la sortie; mais alors l'avance à l'échappement devient trop grande, et la vapeur s'échappe avant que le piston ait achevé sa course.

L'auteur fonde sur les remarques suivantes, le tracé géométrique de cette détente :

« 1° La flèche de l'arc engendré par le cercle de l'ex-
» centrique, depuis le moment de l'introduction jusqu'à
» celui du commencement de la détente, *est égale à la*
» *largeur de l'orifice*, puisque le tiroir doit juste par-
» courir cette largeur dans les deux sens pour ouvrir et
» fermer complétement l'orifice;

» 2° Cet arc est d'un même nombre de degrés que celui
» décrit par la manivelle depuis le point mort jusqu'à la
» position occupée par le piston, à l'endroit où la détente

» doit commencer, puisque la manivelle et l'excentrique
» marchent ensemble ;

» 3° L'angle de calage est égal à la moitié de la diffé-
» rence entre la circonférence et ce même arc de cercle. »

En faisant un tracé graphique sur ces données, on voit
que, pour faire la détente à moitié, il faudrait donner à la
largeur de la bande près de six fois celle de l'orifice, ce
qui est évidemment exagéré.

Détente fixe opérée par une glissière. — Dans ce système, la distribution est opérée par un tiroir ordinaire A,
placé à l'intérieur de la boîte B, qui reçoit la vapeur d'une
seconde boîte C, avec laquelle elle communique par un
orifice D. Le registre E venant à ouvrir cet orifice, la vapeur, qui afflue continuellement dans la première boîte
par le conduit F, ne peut plus pénétrer dans la seconde,
et la détente commence dans le cylindre.

Cette disposition néces-
site deux excentriques et
a l'inconvénient d'ajouter
une capacité C au système
ordinaire.

L'auteur déduit de dé-
monstrations diverses les
règles suivantes pour le
tracé de cette détente :

1° Faire les deux excen-
triques égaux ;

2° Donner à la glissière
une course égale au mini-
mum à celle du tiroir ;

3° Donner pour longueur à cette glissière, deux fois la
distance du point de détente à l'axe, mesurée sur le dos
du tiroir, plus le double de la largeur des lumières sur la
même face de ce tiroir ;

4° Supposer la glissière au milieu de sa course au moment de la détente ;

5° Régler l'angle de calage relatif des deux excentriques par la simple représentation graphique du tiroir et de la glissière, dans le moment de la détente, en figurant la position correspondante du rayon de l'excentrique du tiroir, lequel rayon forme, avec la ligne perpendiculaire à la table du tiroir, l'angle cherché ;

6° Dans tous les cas, déterminer le point de détente, en tenant compte de l'influence de la bielle.

Dans ce système, pour faire varier la détente, il faut changer l'angle de calage relatif des deux excentriques, ou la longueur de la glissière.

Détente fixe par une glissière mobile percée de lumières. — Ce mode de construction donne plus de latitude que le précédent, pour la combinaison réciproque du double mouvement du tiroir et de la glissière, attendu que les parties pleines des lumières a^2 et b^2 forment recouvrements et permettent d'éviter plus facilement les rentrées de vapeur anormales ; enfin, la course de la glissière peut y être plus faible que celle du tiroir, ce qui ne peut avoir lieu avec la méthode précédente.

La figure suivante est une épure du tracé géométrique de cette distribution à détente.

« Soit Om, le rayon du cercle égal à la course du tiroir,
» lequel cercle est rapporté à la marche de l'arète r, par
» laquelle doit s'opérer la détente, c'est-à-dire, celle qui
» doit coïncider avec le bord s de la lumière a^2 de la
» glissière, au moment de la fermeture de la lumière a'.

» D'autre part, le centre de l'excentrique qui commande
» la glissière doit être aussi en O, et rapporté à l'arète s,
» dont nous observons les mouvements simultanés avec
» ceux de l'arète r. Mais nous ne connaissons encore ni le
» rayon de cet excentrique, ni sa position.

» Partant de la position d'avance du tiroir ou du point

» de départ du piston, le rayon de son excentrique est en
» Om. D'autre part, la lumière correspondante a' du tiroir
» doit être entièrement découverte par la glissière, d'où
» les lumières a' et a^2 sont exactement superposées, ce
» qu'indique en effet le tracé ci-dessous.

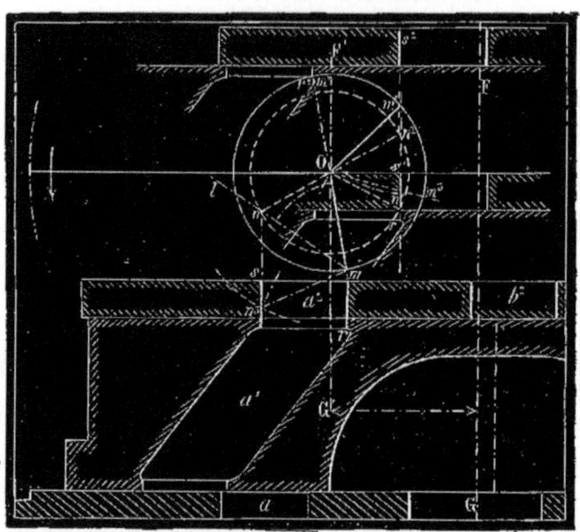

» Maintenant, admettons qu'au moment où la détente
» doit se produire, le tiroir soit dans une position telle que
» le rayon se trouve en Om'; l'orifice a' sera parvenu au
» point où son arête est dans la projection r' du point m';
» mais, puisque c'est le moment de la détente, il faut aussi
» que l'orifice a^2 de la glissière soit avancé de façon que
» son arête s se trouve en s' en parfaite superposition avec
» celle r' du tiroir.

» Alors le rayon de l'excentrique de la glissière doit
» avoir son extrémité sur la ligne $m'r'$, projection com-
» mune des arêtes superposées et de l'extrémité m' du
» rayon de l'excentrique du tiroir : autrement dit, ce tracé
» démontre qu'au moment de la détente, les deux excen-
» triques ont les extrémités de leurs rayons sur une même
» droite parallèle à l'axe F'G' du mouvement.

» Cette condition suffit pour trouver toutes les autres.
» En se reportant au point de départ, où les deux lumières
» a^1 et a^2 doivent être juxtaposées, on trace du point m,
» une droite mt, formant avec Om un angle égal à celui
» $Om'r'$ et projetant ensuite l'arête s par une droite pa-
» rallèle à $F'G'$, la ligne droite On, qui joint l'intersection
» n, de ces deux droites au centre O est le rayon cherché
» de l'excentrique de la glissière, comme grandeur et comme
» position, l'angle de calage relatif des deux excentriques
» est, en effet, mOn. Par conséquent , au moment de la
» détente les deux rayons sont en Om' et On'.

» Pour s'assurer que l'orifice a' n'est plus démasqué à
» partir du point de détente, il suffit d'amener le rayon de
» l'excentrique du tiroir dans la position d'avance opposée
» en Om^2 et d'indiquer de même le rayon On^2 de la glis-
» sière. On voit ainsi très-clairement que les arêtes s et r
» sont maintenant très-éloignées et que l'orifice a', loin de
» se découvrir, s'est, au contraire, recouvert de plus en plus
» depuis le moment de la détente.

» Cependant, pour que cet effet ait réellement lieu, il
» faut que la bande extérieure de la glissière soit aussi
» suffisamment longue. Cette longueur peut être alors dé-
» terminée dans cette dernière position, en observant qu'elle
» recouvre encore la lumière a^2 d'une certaine quantité.

» Quant à la longueur de la glissière, ou la distance des
» deux lumières a^2 et b^2, rien n'est plus aisé que de la
» trouver. Il suffit d'indiquer l'axe FG de l'ensemble du
» mouvement, et de supposer l'arête s, parvenue sur EG,
» au milieu de sa course.

» La longueur extérieure des orifices a^2 et b^2 de la glis-
» sière est alors égale au double de la distance des deux
» axes F'G' et FG.

» Résumant ce qui précède, on remarque que la course
» de la glissière varie avec le degré de détente, pour le

» même tiroir, et qu'elle est d'autant plus longue que cette
» détente est plus prolongée. On peut également constater
» que l'angle de calage relatif des deux excentriques dé-
» pend, par exception, de la largeur de l'orifice qui est l'un
» des éléments de la détermination du problème actuel.

   » Si, par exemple, on voulait que la détente eût lieu,
» lorsque le rayon de l'excentrique est en Om^5, ce qui
» correspond à une position du piston comprise dans la
» première moitié de sa course, le même tracé montre
» que le rayon de l'excentrique de la glissière serait On^5,
» cette ligne indiquant aussi sa position relative à celui
» Om, de l'autre excentrique. »

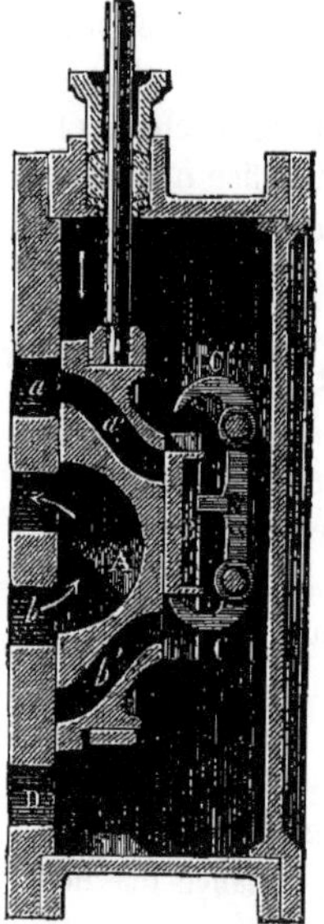

Détente variable, dite détente d'Edwards. — La détente d'Edwards étant le principe fondamental de plusieurs systèmes très-employés aujourd'hui et notamment du système Farcot, qui est le plus perfectionné de ses dérivés, il est intéressant de la relater ici.

La figure ci-contre en indique la disposition exacte, telle qu'elle a été appliquée au petit cylindre de la machine des ateliers du chemin de fer de Saint-Germain.

Cette figure montre que le tiroir proprement dit A est en effet traversé par des lumières a' et b', correspondant à celles a et b, qui conduisent aux extrémités du cylindre. Ces lumières sont plus étroites que celles du cylindre, afin de pouvoir être fermées par un faible mouvement du mécanisme. Il est également muni, au dos, d'une glissière B, qui doit opérer la détente en venant masquer à propos les lumières distributives du tiroir.

La glissière n'est reliée à aucun mécanisme intérieur, et se trouve simplement collée, pour ainsi dire, sur le revers du tiroir par la pression de la vapeur; de façon que si aucune cause étrangère ne l'arrêtait, elle suivrait le tiroir dans son mouvement, sans se déplacer relativement à lui et sans produire, par conséquent, aucun effet.

Pour la faire agir, deux crochets C et C' sont montés sur deux axes, qui dépassent extérieurement et portent deux roues dentées de même diamètre, engrenant ensemble, de manière à faire éloigner ou rapprocher, suivant le sens du mouvement qu'on leur imprime, les extrémités des crochets l'une de l'autre. Il est facile de concevoir que si on en change l'écartement, le degré de détente variera. Un cadran divisé et placé aussi extérieurement permet de reconnaître très-exactement de combien on fait tourner les axes des crochets, et, par conséquent, sur quel degré de détente on règle la machine.

Si on les suppose, par exemple, dans un état d'écartement inférieur à la course du tiroir, la glissière, au lieu d'achever sa course, s'y butera et ne suivra plus le tiroir qui achèvera sa course sans elle ; alors l'admission sera interrompue et la détente commencera. L'inverse a lieu pour la marche en sens contraire. Ainsi, en prenant la figure précédente pour exemple, on voit que la vapeur venant de pénétrer dans le cylindre par l'orifice a, la glissière, suivant la marche du tiroir, rencontre le crochet C et s'y arrête : la lumière a' est alors cachée sous la glissière, et l'admission est interrompue. Par le même mouvement, la lumière b' est complétement démasquée et toute prête pour l'introduction qui a lieu par l'orifice b.

L'obstruction de l'orifice ne pouvant avoir lieu qu'autant que le tiroir possède encore une marche au moins égale à la largeur de sa lumière, après la butée de la glissière, et que sa course est terminée, quand le piston est au milieu de la sienne, ou à peu près, il s'ensuit que l'admission à pleine vapeur ne peut pas durer plus que la demi-course du piston, et que le *système de détente d'Edwards , et tous ceux qui en dérivent, ne permettent pas d'effectuer une détente moins prolongée que la seconde moitié de la course du piston.*

Mais la durée de l'admission à pleine vapeur peut être aussi faible que possible ; car, en serrant assez les crochets, on pourrait annuler tout mouvement de la glissière. D'autre part, on peut marcher à pleine vapeur pendant toute la course du piston ; il suffit pour cela d'ouvrir assez les crochets pour qu'ils ne soient plus rencontrés par la glissière, qui reste alors immobile au milieu de la longueur du tiroir, en découvrant également ses deux lumières. A cet effet, il existe une barrette centrale E, contre laquelle les deux talons intérieurs de cette glissière viennent buter ; la glissière se trouve ainsi placée dans une position constante fixe ; une évolution simple suffit pour cela, après quoi la durée contre cette barrette n'a plus d'action.

L'inconvénient le plus sérieux de cette détente consiste dans l'étranglement des orifices distributeurs, surtout pour les grandes détentes ; car les orifices sont d'autant moins découverts que la détente doit commencer plus tôt.

Cet inconvénient est en partie évité dans la détente Farcot, qui est le dérivé le plus perfectionné de la détente d'Edwards, et pour lequel ce constructeur s'est fait breveter en 1838. Il diffère principalement du système d'Edwards, en ce que les deux lumières a' et b', sur la face frottante du tiroir A, sont égales en largeur aux orifices a et b ; mais sur la face opposée, ces lumières, après s'être considérablement élargies, sont divisées en trois ouvertures étroites, dont la somme peut être égale ou supérieure à volonté, à la largeur initiale de cette lumière sur la face frottante.

Ensuite, au lieu d'une seule glissière, il y en a deux (une pour chaque lumière), agissant séparément et aussi par butée. Ces glissières sont percées chacune de deux lumières, exactement de la dimension de celles de la face supérieure du tiroir et également espacées, de façon que lorsque l'admission de la vapeur doit avoir lieu, les parties pleines du tiroir et du registre se superposent, et les trois orifices sont entièrement découverts.

La variabilité de la détente et l'obstruction des lumières sont obtenues par une camme placée au centre du système et agissant sur chaque glissière par un talon réservé à chacune. Un goujon de butée faisant saillie extérieurement sur chacune et venant rencontrer les parois de la boîte, les ramène toujours à la position normale, et fait démasquer complètement les lumières du tiroir au moment de l'introduction, quel que soit le degré de détente produit par la camme. Avec la détente d'Edwards, au contraire, les crochets fonctionnent à la fois pour opérer l'obstruction des lumières et pour les démasquer ; et les orifices sont plus ou moins découverts, au moment de l'introduction, suivant la position des crochets et le degré de la détente.

Du reste, et de même que pour la détente précédente, la plus grande admission à pleine vapeur ne peut pas dépasser la première moitié de la course du piston.

Les dessins et les épures de cette détente se trouvant à l'atlas, on ne peut ici ni la décrire, ni en reproduire l'étude géométrique ; il en est de même pour la détente variable par la largeur des orifices de M. George, de Paris ; la détente de M. J.-J. Mayer, imaginée en 1843 ; la détente de M. Trézel, constructeur à Saint-Quentin, présentée à l'exposition de l'industrie en 1844 ; pour un deuxième système de détente variable avec manchon à bosses de M. J.-J. Mayer (attribué en Angleterre à M. Maudslay), dont l'objet principal est de perfectionner le régulateur à force centrifuge, en lui adjoignant un organe susceptible de mieux régler l'introduction de la vapeur que le papillon ordinaire ; et enfin pour les soupapes équilibrées et le mode de construction de ces distributions.

Appareils d'alimentation des générateurs à vapeur. — Cette partie importante des moteurs à vapeur est soigneusement étudiée. Outre la description et les plans des meilleurs systèmes de pompes alimentaires, M. Armengaud décrit également les différents systèmes d'alimentateurs automoteurs qui ont été proposés ou que la pratique a sanctionnés. On y trouve une bonne disposition du retour d'eau, ou bouteille d'alimentation, employée pour des générateurs qui desservent des industries sans machine motrice ; celle de l'injecteur alimentaire de M. Giffard (construit par M. Flaud), cette découverte, la plus saillante de notre époque, dans l'industrie des moteurs, qui a valu à son auteur un nom désormais historique et un succès industriel incomparable.

La description de cet appareil bien connu ayant figuré dans les Annuaires précédents, il n'y a pas lieu d'y revenir ; mais il ne sera pas sans intérêt de reproduire ici la description d'un *Régulateur automoteur d'alimentation*, dû à M. Gargan, constructeur à Paris, et qui a figuré à l'exposition agricole de 1860.

La fig. 75 *bis* de cet ouvrage, reproduite ci-après, représente une des dispositions diverses que cet appareil peut recevoir. Il est indiqué en coupe partielle et monté sur une chaudière, dont une partie est aussi coupée en arrachement, pour faire voir comment leur relation est établie.

L'inventeur en caractérise ainsi le principe : *volume d'eau changé de milieu automatiquement* , c'est-à-dire que les fluctuations du niveau dans le générateur sont la cause motrice et régulatrice de l'alimentation.

L'instrument comprend un boisseau en bronze B, à l'in-

térieur duquel joue un *mesureur* ou piston-tiroir cylindrique
A, qui le traverse de part en part et qui est animé d'un
mouvement rectiligne alternatif.

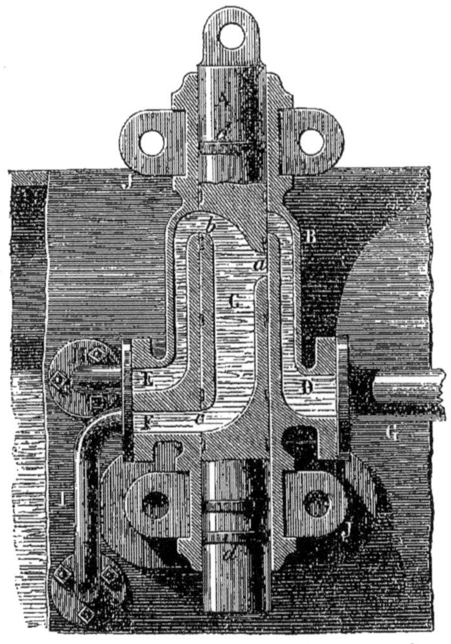

Le boisseau B porte, vis-à-vis l'un de l'autre, deux canaux
E et D, correspondant, le premier au conduit G d'alimentation, le deuxième à un tube H, débouchant dans la chaudière, *à la hauteur même où le niveau doit être main-
tenu*.

Enfin, un troisième canal F communique de la partie
inférieure du boisseau à un tuyau I qui débouche dans
le générateur à une certaine distance en dessous du niveau
normal.

Le *piston-tiroir* a une cavité C, percée de trois orifices

a, *b* et *c*. Les orifices *b* et *c* sont d'un écartement égal
à celui des orifices E et F, avec lesquels ils doivent corres-
pondre, lorsque le piston occupe la position inférieure ;
tandis que dans celle opposée, l'orifice *a* vient coïncider
avec l'embouchure du conduit D.

Lorsque l'appareil se meut, l'eau afflue par le conduit D
et remplit tous les vides. En supposant le piston au bas de
sa course, comme l'indique la figure, le liquide renfermé
dans l'appareil est en communication avec la chaudière,
dont il supporte la pression ; et cette communication avec
le réservoir alimentaire est interrompue, par suite de l'a-
baissement de l'orifice *a*, au-dessous de celui du conduit D.

Dans cette position, si le niveau d'eau dans la chaudière
couvre l'ouverture du tube H, pas une goutte de liquide
ne peut s'écouler de l'appareil ; mais si le niveau s'abaisse
et découvre cette ouverture, la vapeur divise la colonne
liquide et s'élève jusqu'à son sommet où elle exerce sa
pression. L'eau contenue dans le mesureur, se trouvant
ainsi dans un milieu d'égale pression, peut entrer dans la
chaudière par le conduit I, sous l'influence de sa hauteur
initiale, de *b* en E.

L'appareil étant constamment en rapport avec le réservoir nourricier, la quantité écoulée est remplacée à l'oscil-
lation suivante, lorsque le mouvement ramène l'orifice *a*
vis-à-vis celui du conduit D. Telle est la marche de cet
appareil.

Quant aux détails d'exécution, ils ne méritent, dit l'auteur, qu'une mention très-succincte, attendu que c'est un
appareil de principe, loin d'être une disposition définitive-
ment arrêtée.

Le piston-tiroir A doit être très-exactement tourné et
recevoir des garnitures circulaires pour empêcher les fuites.
Les passages du liquide du réservoir à l'appareil, ou de
celui-ci à la chaudière, s'effectuant à chaque extrémité de

la course, il est utile qu'il y ait là un repos assez sensible :
le mouvement doit donc être établi en conséquence.

Enfin, il convient de remarquer que cet ingénieux appareil ne peut élever lui-même son eau par aspiration, et qu'il exige un mécanisme de commande pour élever, par une pompe, dans le réservoir nourricier placé un peu plus haut que sa propre hauteur l'eau qui doit l'alimenter. C'est donc par l'expérience que sa valeur pratique pourra être déterminée.

Nous ne pouvons nous arrêter à l'étude des différents appareils de condensation ; mais nous mentionnerons cependant la description et les plans d'un condenseur avec pompe à air concentrique du système de Maudslay ; un appareil de condensation avec corps séparés, construit par M. E. Bourdon ; un condenseur horizontal avec pompe à air à double effet, construit par M. Lecouteux ; enfin les dispositions diverses de condenseurs agissant par surfaces réfrigérantes.

MACHINES A VAPEUR VERTICALES A MOUVEMENT DIRECT.

Les organes constitutifs des machines ayant été ainsi étudiés, l'auteur aborde la description des meilleurs systèmes de machines. Ne pouvant en entreprendre une analyse, même succincte, sans le secours de l'atlas, nous nous contenterons de les énumérer.

Ces descriptions commencent par les machines verticales à mouvement direct, qui sont très-employées pour les faibles puissances, concurremment avec les machines horizontales, lorsqu'on a besoin d'un arbre moteur, placé à la partie supérieure, et que l'on cherche à obtenir une construction économique.

Parmi les principales dispositions imaginées, l'auteur a choisi les types suivants :

1° La machine à deux colonnes, prenant un point d'appui en partie sur un propre bâti, et en partie sur son mur voisin ;

2° La machine à chevalet, dans laquelle les deux colonnes sont remplacées par un bâti triangulaire, avec le même mode de point d'appui ;

3° La machine à quatre colonnes, qui, portées sur une seule et même plaque de fondation, sont réunies par un entablement en fonte, sur lequel repose l'arbre moteur, afin d'isoler tout le système des murs du bâtiment et de permettre de la placer, par suite, où on peut le désirer ;

4° La machine à socle ou à tabouret, surmontée de glissières ou coulisses verticales, et qui porte également tous les organes, pour isoler de même tout l'ensemble ;

5° La machine à cylindre renversé et porté à la partie supérieure du bâti ;

6° La machine à colonne creuse et à jours, renfermant tout le mécanisme.

Les machines verticales actionnant directement un outil, comme dans les marteaux pilons, ainsi que les machines oscillantes et à balancier, sont reportées au troisième volume de cet ouvrage.

MACHINES A VAPEUR HORIZONTALES.

C'est depuis moins de vingt ans, dit M. Armengaud, que ce genre de moteur s'est répandu ; avant cette époque, l'idée que le poids du piston devait amener l'ovalisation du cylindre de ces machines, en faisait restreindre l'emploi.

L'idée première de cette disposition n'est cependant pas nouvelle, car dès le 24 août 1792, M. Périer a pris pour cet objet un brevet d'invention en France, et c'est le premier brevet qui y ait été pris pour les moteurs à vapeur. En 1828, M. Philippe Taylor a construit un très-joli modèle de ce type, que le Conservatoire des arts et métiers de

Paris possède depuis une trentaine d'années. Nous repro-
duisons, à titre d'intérêt historique, la vignette que l'auteur
en donne :

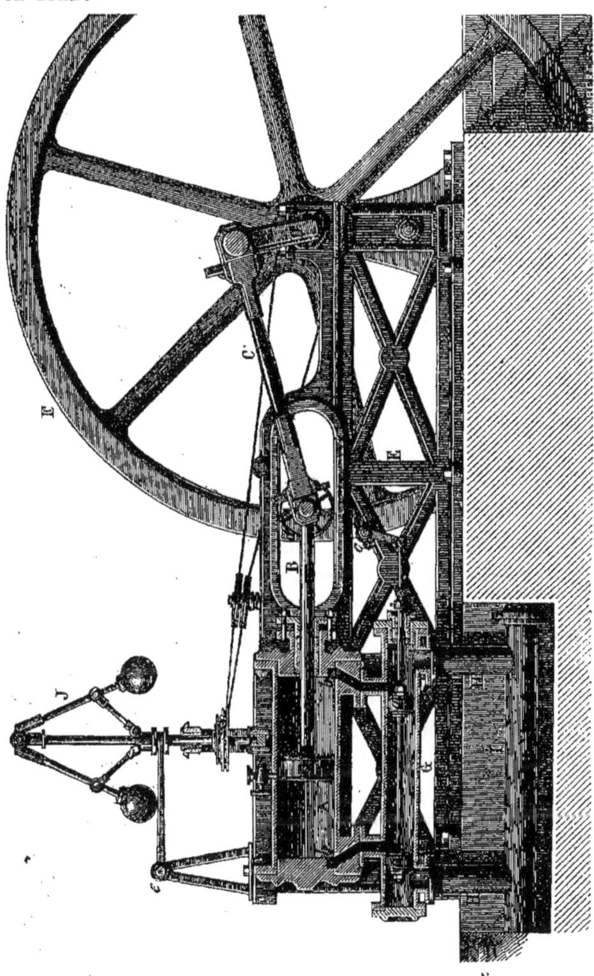

Cette figure est une coupe longitudinale faite par l'axe du cylindre à vapeur, et, sauf l'appareil de distribution et les directrices de la tige du piston, elle est encore à peu près semblable, dans l'ensemble, à ce qui se fait aujourd'hui.

Le cylindre à vapeur est monté entre deux flasques parallèles, recevant les paliers de l'arbre moteur, lequel est coudé et à *vilebrequin*. La distribution ayant été placée en dessous, ce que l'on évite maintenant, le bâti est trop élevé.

La tige du piston est reliée à la bielle par une traverse aux extrémités de laquelle sont montés deux galets qui cheminent dans les coulisses des flasques.

L'appareil de distribution consiste en un corps cylindrique G, parfaitement alésé, et dans lequel se meuvent deux pistons a fixés sur une même tige. La vapeur y arrive du générateur par un conduit aboutissant à une tubulure cachée par la coupe. L'échappement s'effectue par les extrémités.

Un excentrique circulaire, monté sur une extrémité de l'arbre moteur, actionne l'axe c, qui reçoit le levier de distribution. Ce système de distribution a été complétement abandonné, à cause de la difficulté de rendre les garnitures des pistons parfaitement étanches.

La première machine moderne décrite est une machine horizontale à détente variable et sans condensation, de la puissance nominale de 8 chevaux, construite par les établissements Cail et Cⁱᵉ. Elle se distingue, par ce qu'on peut appeler : le *genre locomotive*, c'est-à-dire qu'elle a la plus grande analogie avec ce système de moteur.

Les dimensions principales sont les suivantes :

Diamètre du piston. 0ᵐ,320
Course. . . . . 0 ,600
Vitesse du piston par seconde . . . . 1 ,040
Diamètre des tourillons de l'arbre moteur . 0 ,110
Poids de la jante du volant. 1100 kilogr.

En admettant que la pression de la vapeur soit 5 atmosphères dans le générateur et l'effet utile 60 %, l'admission à pleine vapeur ne doit avoir lieu que pendant 1/6 de la course pour produire, à la vitesse de 52 tours par minute, la puissance nominale. Les dimensions des organes de cette machine permettent de lui faire produire davantage sans danger.

Machine horizontale à distribution, dite *rationnelle*, par M. E. Maldant, constructeur à Bordeaux. — M. E. Maldant a présenté à l'Exposition universelle de 1855, une machine à vapeur horizontale, qui se distingue par un mode spécial de distribution ; les autres parties sont analogues à celles des machines du même genre. Voici cette disposition :

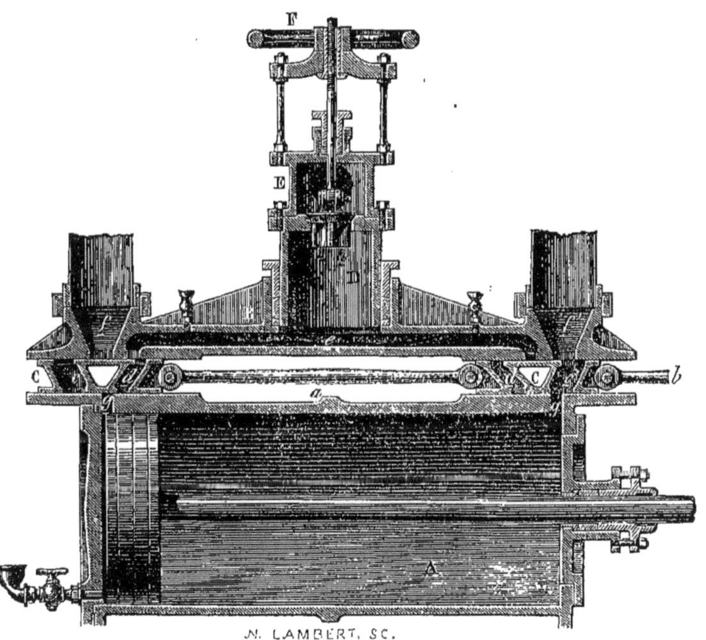

Le constructeur, en la proposant, a eu pour but de supprimer l'excès de pression que les tiroirs supportent dans les conditions ordinaires, ainsi que les espaces nuisibles; MM. Mazeline et Cavé ont aussi proposé de bonnes solutions de cette question; enfin, les soupapes équilibrées en sont une autre.

On y remarque que le cylindre est fondu sans canaux, et que les tiroirs fonctionnant à découvert, sans être aucunement renfermés, sont percés chacun de deux lumières, affectées respectivement à l'introduction et à l'échappement de la vapeur; ils sont accouplés par une bielle et solidaires du mouvement de l'excentrique. Ils se meuvent, à frottement doux, entre la table des cylindres et un sommier B, portant des orifices par lesquels la vapeur afflue et s'échappe.

Le sommier repose de son simple poids sur les tiroirs; il est monté par une garniture d'étoupes sur la tubulure D, par laquelle la vapeur afflue, et qui se trouve fixée rigidement à l'aide d'une bride et de supports placés de chaque côté du cylindre; les conduits d'échappement sont également joints aux orifices f et f', à l'aide d'une garniture élastique, formée d'une bague extérieure en caoutchouc, recouvert d'une virole en cuivre, laquelle bague est aussi rattachée latéralement au cylindre. Ce sommier est donc libre sur le sens vertical et peut toujours reposer sur les tiroirs, nonobstant l'usure qui se produirait.

Machine horizontale à détente variable et à condensation, par M. E. Bourdon, ingénieur-constructeur à Paris. — Cette machine, exposée en 1855, par M. Bourdon, participait à la mise en mouvement des machines-outils et a valu à son auteur la médaille d'or. Elle se distingue par l'ensemble de sa construction, pour son mode particulier de distribution et de détente, et par ses dimensions relativement grandes, en ce qu'elles correspondent à une *course longue* et à une marche lente. Cette machine est de la puissance nominale de 25 chevaux-vapeur à la vitesse de rotation de 50 tours par minute; ses dimensions principales sont les suivantes :

Diamètre du piston à vapeur.	0^m,420
Course	1 ,160
Vitesse du piston par 1″.	1 ,160
Diamètre des tourillons de l'arbre moteur. .	0 ,180
Diamètre du piston de la pompe à air. . .	0 ,290
Course du piston de la pompe à air.. . . .	0 ,465
Diamètre de la jante du volant.	4 ,000

Poids de la jante du volant = 2500 kilogr.

Le rendement étant supposé égal à 0,6 de l'effet total sur le piston, cette machine développe théoriquement la puissance utile pour laquelle elle est établie, lorsque :

La contre-pression dans le condenseur égale.	0^{at},05
La pression dans la chaudière.	5 ,50

et que la détente a lieu pendant les $\frac{4}{5}$ de la course du piston. Mais en maintenant cette vitesse et en changeant simplement les conditions de pression et de détente, on peut, sans inconvénient, la pousser à 40 chevaux.

On peut encore mentionner la description d'une application spéciale du condenseur de M. Bourdon, récemment essayée sur une machine horizontale.

Deux grandes machines, du système perfectionné de MM. Farcot et fils, sont ensuite l'objet d'une description très-étendue; ces deux modèles, semblables en principe, diffèrent toutefois par l'application de leur appareil de condensation. La première est de la puissance nominale de 60 chevaux-vapeur, à 36 révolutions par minute; la deuxième de 20 chevaux-vapeur, avec 48 tours par minute. Voici les principales dimensions de ces machines :

	Machine de 60 chev.	Machine de 20 chev.
Diamètre du piston à vapeur. . . .	$0^m,650$	$0^m,415$
Course — —	1 ,300	0 ,800
Vitesse — par seconde	1 ,560	1 ,280
Diamètre des tourillons de l'arbre moteur.	0 ,200	0 ,150
Diamètre du piston de la pompe à air	0 ,380	0 ,250
Course — —	0 ,450	0 ,280
Volume total du condenseur, y compris les conduits communiquant avec le cylindre	178^{dq}	62^{dq}
Rapport des volumes engendrés par le piston de la pompe à air et celui du cylindre à vapeur . . .	0 ,118	0 ,125

Ces constructeurs admettent que, pour développer leur force nominale, ces machines doivent marcher avec de la vapeur à 5 atmosphères dans la chaudière sous une admission à 1/15 seulement (la détente à 15 fois le volume primitif), et une contre-pression de 1/10 d'atmosphère dans le condenseur.

Le rapport de la puissance théorique développée sur le piston, à celle nominale, est de 74 °/₀; ce qui est très-considérable, car on ne comptait ordinairement pour de grandes puissances, que sur 60 °/₀. Ces modèles sont d'une excellente disposition et méritent une étude attentive.

Machine horizontale à détente variable et à condensation, par M. Bréval, à Paris. — Cette machine se distingue par une application de la coulisse de Stephenson, ordinairement employée dans les locomotives, comme système de distribution à détente variable, et par la disposition de l'appareil de condensation ; les limites de la détente sont les suivantes :

La course minimum de la glissière peut être réduite à
0^m,025, et l'admission à 0,15 de la course du piston, ce
qui correspond à une détente de 0,85;

Et la course maximum de cette glissière peut être
portée à 100 millimètres, ce qui produit l'admission à
pleine vapeur pendant les 0,8 de la course du piston, soit
0,2 de détente.

Le cylindre de la pompe à air est vertical et se trouve à
l'aplomb du bout de l'arbre moteur, de sorte que la bielle
de la tige de son piston est reliée à une manivelle fixée à
l'extrémité de cet arbre.

La puissance nominale de cette machine est de 20 chevaux, avec une vitesse de rotation de 50 tours par minute.
Elle a les dimensions principales suivantes :

Diamètre du piston à vapeur	0^m,350
Course	0 ,900
Diamètre des tourillons de l'arbre moteur.	0 ,125
Diamètre de la pompe à air	0 ,220
Course	0 ,280
Volume total de l'espace disponible pour la con-	
densation	56 ^{dc}
Diamètre moyen de la jante du volant	3 ,500
Poids — — —	2780 kilogr.

Dans ces conditions, cette machine doit fonctionner avec
de la vapeur à 4 atmosphères de pression absolue, 1/5
d'admission, 4/5 de détente et une contre-pression de 1/10
d'atmosphère au condenseur, pour développer la puissance
nominale de 20 chevaux, en admettant un rendement minimum de 50 % de l'effet théorique sur le piston.

Machine horizontale à détente et à condensation, par
MM. Legavrian et fils, constructeurs à Moulins-Lille. — La
description de cette machine termine le volume et l'atlas.
La distribution est du système Farcot ; la pompe à air est
inclinée et reportée à l'extérieur du massif en maçonnerie,

qui n'est ainsi aucunement découpé et semble tout d'une pièce.

Son cylindre est timbré à 5 atmosphères, bien qu'elle ne doive marcher habituellement qu'à 3,5, et l'admission à pleine vapeur peut varier de 1/6 à 1/25. Elle développe sa puissance nominale de 35 chevaux à la détente 0,9 de la course du piston, une vitesse de rotation de 38 tours par minute, une pression de $3^{at},5$ dans la chaudière, et une contre-pression de $0^{at},1$ dans le condenseur. Les dimensions principales sont :

Diamètre du piston moteur. 0,600
Course. 1,000
Diamètre du tourilleur de l'arbre moteur
(en fonte). 0,220
Diamètre du piston de la pompe à air. . . . 0,300
Course. 0,376
Volume total de l'espace disponible pour la
condensation, y compris les conduits. . . 57^{dc} 0
Rapport des volumes engendrés par la pompe
à air et le piston moteur. 0,94
Rapport du volume total du condenseur à celui
engendré par le piston moteur. 0,20
Rayon moyen de la jante du volant. 3,60
Poids de la jante du volant 3930 kilogr.

En comparant les résultats fournis par le calcul à la puissance nominale, on trouve que cette machine doit atteindre un rendement de 67 pour % environ, tandis que, il y a une quinzaine d'années, ajoute M. Armengaud, on obtenait guère plus de 50 pour %, avec des machines à condensation.

Cette amélioration du rendement doit être attribuée surtout : à une distribution mieux réglée qui permet aux grandes détentes de produire tout leur effet ; à la condensation opérée avec une pompe à double effet, de façon à rendre la contre-pression presque nulle ; aux moyens pré-

servatifs des déperditions de calorique ; à l'emploi des vo-
lants puissants, etc.

CONCLUSION.

En terminant cette analyse déjà longue, nous ferons
remarquer, avec l'auteur, que les machines horizontales ont
pris depuis ces derniers temps une extension considérable.
A l'exposition universelle de 1855, elles ont été l'objet des
plus hautes récompenses, et l'on peut dire qu'elles occu-
pent aujourd'hui, dans l'industrie des moteurs, une place
prépondérante. Elles résument, en effet, beaucoup d'avan-
tages :

Elles sont d'une exécution simple peu coûteuse, d'un
montage facile, et pour la conduite, parfaitement à la
portée du mécanicien ; occupant une grande superficie
relativement à la hauteur, elles n'exigent que fort peu de
fondations, des massifs relativement faibles ; elles peuvent,
en outre, se prêter à de grandes variations de vitesse et de
puissance sans altération sensible dans le rendement ; et
enfin, à un grand nombre d'applications diverses, de com-
mandes d'outillage sans aucune transmission de mouvement.

« Actuellement, ajoute, en terminant M. Armengaud,
» les machines horizontales à condensation sont très-répan-
» dues et font une concurrence très-grande aux machines
» verticales. On ne craint même pas de construire de ces
» machines à deux cylindres, comme nous en montrerons
» des exemples, après avoir décrit les systèmes à balancier
» par lesquels nous commençons le second volume. »

Cette analyse, bien que sommaire, suffira, sans doute,
pour établir combien le plan de cet ouvrage est avantageux
et combien il diffère des traités ordinaires qui contiennent
généralement fort peu de documents pratiques, de dessins

et de plans d'appareils sérieux. Ces documents forment ici la partie essentielle, et ce traité réunit à une théorie simplifiée et suffisante des moteurs, leur historique, l'étude approfondie de leurs organes essentiels avec les plans de détail, ainsi que la description et les plans d'ensemble des types de machines les plus parfaites. En consultant cet ouvrage, on peut donc être certain d'y rencontrer les meilleurs documents (1).

L. MARIOTTE.

Mai 1861.

-----

(1) Le Traité des moteurs à vapeur est en vente chez l'auteur, 48, rue Saint–Sébastien, et chez MM. Dunod, Lacroix, Treuttel et Würtz, Anselin, Mellier, Mallet-Bachelier, etc., libraires à Paris.

Imprimerie
TRENEL
SAS-NICOLAS